遇见大理，这座城

YUJIAN DALI, ZHE ZUO CHENG

藏羚羊旅行指南编辑部 编著

北京出版集团公司
北 京 出 版 社

图书在版编目（CIP）数据

大理，这座城 / 藏羚羊旅行指南编辑部编著. — 北京：北京出版社，2020.4
（遇见）
ISBN 978-7-200-15212-8

Ⅰ. ①大… Ⅱ. ①藏… Ⅲ. ①旅游指南—大理市 Ⅳ. ①K928.974.3

中国版本图书馆 CIP 数据核字（2019）第 290444 号

遇见
大理，这座城
DALI, ZHE ZUO CHENG

藏羚羊旅行指南编辑部 编著

*

北京出版集团公司
北京出版社 出版
（北京北三环中路 6 号）
邮政编码：100120
网 址：www.bph.com.cn
北京出版集团公司总发行
新华书店经销
北京瑞禾彩色印刷有限公司印刷

*

710 毫米 ×1000 毫米 16 开本 14 印张 268 千字
2020 年 4 月第 1 版 2020 年 4 月第 1 次印刷

ISBN 978-7-200-15212-8

定价：59.80 元
如有印装质量问题，由本社负责调换
质量监督电话：010-58572393

前言

在你打开这本书时，意味着你即将前往大理，或者有去的打算。无论怎样，你这个决定是正确的。因为没有人会不喜欢那里。

市面上关于大理的旅游指南很多，这一本肯定不是最全面、最细致的。恰恰相反，相对于大理庞杂的旅游资源来说，这本书更重要的是直接告诉你有哪些好玩的地方，它们是否可以串联起来放入你的行程单中。我们截取了广阔大理光鲜亮丽的九张名片，其中总有你向往的。

除了关于这本书，关于大理也应该有一些说在前面的话，这有助于你更好地认识大理。

首先，我想说，大理很大。是的，完全超乎你的想象。如果你来自大城市，对少数民族地区缺乏认知，那么大理会变得更大。行政区上的大理应该是大理白族自治州（后简称大理），而大理的首府在下关。通常乘坐公共交通工具来大理，到达的第一站便是下关。但从游客的角度讲，去大理十有八九指的是去大理古城。

大理古城离下关不远，两者同属于大理市。前者属于大理镇，后者属于下关镇。无论从地理位置还是公共交通上两者关系都非常紧密，它们也是大理最发达的两个地方。但对于旅游者来说，古城才是目的地，而下关可以看作集散地。

另一个重要的概念是关于洱海。大理相当一部分旅游资源围绕洱海展开，但洱海同样很大，大理大部分县市挨着洱海，你所熟悉的大理景点大部分离洱海不远。例如喜洲、双廊、才村、龙龛等都是“海边村镇”。简单来说，整个大理中间的位置都是洱海，它大概相当于 40 个西湖那么大。如果你去大理，千万不要笼统地说去洱海，一定要搞清楚去哪个城镇或村落，这样当地人才知道怎么送你去。

大理海拔 2 000 多米，纬度又低，因此这里有着低纬度高海拔的季风气候。这里几乎没有夏天，而冬天又不冷，整体来说干湿适中，有固定的雨季，除雨季外几乎很少下雨。唯一美中不足的就是季风，不过，正是因为有下关风，才有了“风花雪月”的传说。

这里有高山、有湖泊、有坝子。也许上帝太宠爱大理了，让它霸占了所有的美景。有的人喜欢山，他们来苍山砍柴做饭；有的人喜欢水，他们来洱海边醉听涛声。

去大理的理由已经足够多了，至于洱海边有没有爱情，还是等你自己去验证吧。

遇　　见

大理，

这座城

遇　　见

大理，

这座城

目录
Contents

博爱路·复兴路南段
古城美食的荟萃之地

古城复兴路·玉洱路·叶榆路
徜徉在舌尖上的古城

古城人民路
古城中的融合交汇

CONTENTS

苍山北线

隐秘山林的风景与修行

苍山南线

南诏佛国山水间

才村

用创意开发的海边村

CONTENTS

喜洲

商帮古镇的今与昔

双廊

在人海中寻找渔村最后的安详

石宝山 · 沙溪

遥望茶马古道的老槐树

博爱路
复兴路南段

大理古城里最热闹的路便是复兴路，与它相邻的博爱路却安静很多，两者的搭配可以给你呈现出两种不同风格的大理。深街幽巷，清一色的青瓦屋面，古朴、别致、优雅，这就是这两条路带给你最直观的体验。

洋人街
人民路
叶榆路
坏猴子·凤凰酒吧
复兴路
爱莲说
五华楼
武庙会照壁
南门清真寺
大理市博物馆
床单厂艺术区
海豚阿德书店
博爱路
苍坪街
一塔路
南门
双鹤路

古城美食的荟萃之地

你不会想到博爱路上的一面被树木遮挡的老墙可能是古城里为数不多的古迹，至少它比对面新建的豪华“古庙”更古老。更有故事的可能是边上戴着白帽子的回族群众。你可以在清真寺虔诚的祷告声中聆听他们起起伏伏的人生故事。

商业的大潮毕竟已经敲开了古老的城门。只要到复兴路，过了古老的城门，一派热门旅游景点的景象是你最熟悉不过的了。导游的旗子在大理清晨的空气中飘动，店铺挨着店铺，商品琳琅满目，吆喝声此起彼伏。登上城楼或五华楼，也许高处的山风能吹走一点浮躁的气息，让人能看清这座灰瓦屋顶的城市。它密密麻麻的道路讲的是古城的曾经，而阳光底下闪闪发光的热水器储水罐和太阳能板则告诉世人古城现代化的趋势。

收起繁华，穿梭浮华背后的羊肠小道，一个新世界就打开了。大理一部分文艺青年聚集到了床单厂艺术区，在这里你能找到安静的画廊、书店，也能喝到地道的咖啡。

夜晚则属于“坏猴子”的音乐和啤酒。像嬉皮士老板那样“埋葬”在酒吧，见证大理“老外”的夜生活，也许你会有新的感悟。

南门

明城墙上看苍山

“来这里，来这里！”“不能停车……”“住宿要不要？”在古城南门外到处是嘈杂的声音和拥挤的人群。一辆辆旅游大巴把旅行团载到这里。旅游咨询点门外聚满了游客。掮客们逢人便问是否要住宿，是否上苍山去洱海。拿着小旗帜的导游则扯着喉咙指挥着游客们的行动。

就在这一片忙碌背后，古城的南门高高耸立，它已在此矗立了几百年。我们现在看到的城墙和古城格局是从明朝初期沿袭下来的。原先古城东南西北都有城墙，城墙上建有城

楼，城外还有护城河。今天站在南门外还能大致看到当时的模样。南门的卫城还算完整，城门上有“大理”二字。围城之上两层高的城楼也已经翻修过，“文献名邦”的匾额挂在上面。不过护城河已经不见踪影。

人们不由自主地随着人流拥入城门。穿过高大的城门，两侧有台阶可以上城墙。城墙非常宽阔，和城里的道路一样。城墙上除了游客，一对对拍婚纱照的新人颇为抢眼。

卫城上的城楼也可以进入，且登得更高，望得更远。往北看便是古城全貌，近处的人流顺着复兴路漫进古城，远处高高的五华楼非常显眼。往南看，另一座古楼在 1 千米外。那是文献楼，号称古城第一门。以前的人若是迎送重要人物都要通过该门。它最初建于清康熙年间，今天看到的是中华人民共和国成立后仿修的。门的样式保持了传统白族建筑风格，底下是砖石垒的门洞，上面立着两层歇山式城楼。往东望，一条残破的城墙渐渐湮没在绿色树丛中。偶尔有喜欢颓废风格的摄影师会带着新人到那里拍婚纱照，游客则极少踏足那里。

往西望，城楼下完整的城墙向苍山脚下绵延。游客们都在那里散步。最有趣的是城墙路面上长出了两棵大青树，若是夏天，那些树荫下都会站满人，很多摄影师最喜欢以它们为背景。顺着城墙往东，末段城墙突然上抬，踩着台阶信步而上，视野更开阔了。弘圣寺塔就在不远处的苍山下，它就是俗称的“一塔”。这个已关闭的古塔从城墙上看反而更具风韵，秀丽的塔身笔直地立在苍山下，四周是绵延的绿色，一直延伸到天际。情侣们把台阶上的石栏当凳子坐，面对苍山，情侣们的悄悄话可以说上半天。

老城的城墙和门楼就像它的脸面，写满了沧桑，也是人们最先观赏的地方。当昔日的护城河被宽阔的马路覆盖，坚固的“外壳”只能是一种历史的印记。然而从这里开始了解古城或许最为恰当，因为知道它的过去你才能更懂苍山洱海的美。

床单厂艺术区

大理最后的文艺时代

大理有很多羊肠小道，有时人们会忽略它们，但大理的神奇就躲在这些羊肠小道背后。床单厂就躲在被忽视的苍坪街尽头。

“一路向西去大理”，你应该来参观床单厂。僻静的苍坪街会把你从吵闹的复兴路上“剥离”出来。经过一个垃圾站，你就能瞧见高高的床单厂招牌。这里过去是大理古城中仅有的两家工厂之一，两家工厂中的一家已经改成了旅馆，而这里被改造成了一个艺术创

意园区。“一切都是巧合。”大理床单厂艺术区的艺术总监乔崎说，“大理开了 5 年的国际摄影展，2013 年的时候我们为展览《东西大理》四处找场地，最后发现了这片废弃的厂房。”深藏在艺术区的大理摄影博物馆就是整个艺术区的“起点”，也是这里目前最核心的艺术展示区。虽然名字叫博物馆，但它其实更像一个画廊，现当代艺术和影像作品是它的主要展示内容。摄影家奚志农关于野生动物的作品、安迪·沃霍尔的波普艺术作品都曾在这里与大家见面。

“我们还是想保留床单厂的一部分历史，能够记录和保留一部分历史，我觉得这是工厂的生命的延续。它之前是做毛巾、手绢、床单一类的纺织品，现在又过渡到一个创意和艺术园区，这是工厂新的生命和新的改变……一种新的生命的延续，一个新的生命的开始。”厂门口生了锈的铁牌子上密密麻麻写着几十家入驻单位——画廊、书店、工作室……摄影博物馆和这些新生命的注入让床单厂又“活”了过来。

2016 年 6 月 8 日，李亚鹏带领重型机车车队从床单厂呼啸而过，他是来参加第一届

大理艺术节的。这可能是床单厂有史以来最热闹的一天，而在平时床单厂还是那个质朴而平静的厂子——红墙上爬满了爬山虎，旧厂房楼梯的玻璃窗甚至都没有擦过，生产标语还挂在墙上。不过变化也显而易见：超大的玻璃幕墙、酷酷的铁门、温暖的黄色墙壁、大幅招贴画和红砖铺就的路面代替了老厂房的单调氛围。中间的楼梯还被改造成了攀岩墙，一家“老外”开的攀岩公司在这里教学生攀岩。四周都是书店、咖啡烘焙工作室、画廊等。这里的画廊和书店大都兼做咖啡、酒等饮品生意，就连小小的咖啡馆也用了酷劲十足的艺术装置来做点缀。

厂房三楼被各种工作室占据，包括摄影室、影视室、时尚设计室、平面设计室等。透过老式的铸铁窗可以窥探到各种赏心悦目的室内设计，工作室设计感十足的招牌、招贴画和工厂生产口号、艺术大字共用一墙。这种有趣的视觉差给人一种时空交错的新鲜感。站在三楼朝东面望去，田野之后就是洱海和绵延的青山。想来艺术工作者们也是极懂享受生活的。

海豚阿德书店

离开与新生

2016 年 6 月 3 日，阿德在微信朋友圈发了一张海豚阿德书店人民路店的图片，配上文字“2012.9.3—2016.7.18”。这预示着我们之前推荐的书店将在 7 月正式结束营业。它是大理最好的书店之一，但随着时间的推移，它不得不告别古城最好的地段。幸运的是，在此之前阿德带着书店入驻了床单厂，让书店得以延续。这就是大理，有离开，也有新生。

与人民路的海豚阿德书店相比，床单厂的海豚阿德书店是全新的。面积从几十平方米扩展到了几百平方米。书店靠门的地方是一个小画廊，大理本地或外地的艺术作品在这里展示。往里是敞亮的咖啡馆，工厂的大玻璃窗采光非常好，斜斜洒下的阳光照在桌椅的细腿上，拖出长长的影子。书店最里面才是图书区，巨大的黑色书架沿着墙壁排列，中间还零星散落着半人高的小书架。这其中大部分书籍是偏人文艺术类的，几乎都是阿德亲自挑选的。最显眼的位置放着阿德自己策划出版的《苍山下》，几个常住大理的名人在这本书中畅谈大理。

图书区中有一部分放置了明信片、扎染、绘画、旧杂志、油印封面等各种创意十足的产品。“这个两年前就开始策划了，现在才刚有成品。”尽管阿德笑自己的动作慢，但相对于原来人民路狭小、单调的书店，新书店就好比便利店升级到了百货大楼，更精彩了。

一个个风和日丽的下午，大理的文艺青年在这里碰头。他们点上一杯咖啡或者酸梅汤，

捧上一本书，在窗边的沙发里享受蓝天、白云、微风和阳光。风让窗边的白色帘子“翩翩起舞”。这边，会说中文的外国游客正在向服务员预订创意产品；那边，一双双求知的眼睛扫描着书架上琳琅满目的书，有看中的书就取下坐在草垫上慢慢品读起来。确切地讲，这一切发生在“51 区”。阿德和另外四位投资人共同组建了这个“51 区”，书店只是其中的一部分。所以一进门你就能看见一个应景的充气外星人，瞪着眼睛欢迎顾客。

除了床单厂，阿德最近还在喜洲的海舌湿地公园开了一家书店。即便有了两家新店，人民路店恐怕还是他最不舍和最无奈的地方。

大理市博物馆

元帅府里读懂大理

游客进入大理古城的南门后，通常第一个会去的地方就是大理市博物馆。

这个古色古香的博物馆在繁华的复兴路上，它的另一个地址——中和镇南门内正街更有历史感，从这个地址你就不难想象它过去的不平凡“身世”。这个博物馆所在的建筑从诞生起就是官府衙门的“中央机关”，现在的建筑格局基本沿袭自清朝。从清康熙三年（1664 年）起这里一直是云南的提督衙门，由此也可以看出大理在清朝的地位。

在杜文秀起义后，这里被起义军占领作为总统兵马元帅府。中华人民共和国成立后它先归属于解放军第十四军，后来被用作幼儿园。这个军政要地到了 1986 年才以博物馆的身份向民众开放。

今天，因为商业街的兴起，这个博物馆成为复兴路上另类的存在。门前巨大的石狮子显示着它昔日的威严，对面是宽广的广场，一尊金色的解放军塑像威武地矗立在中央。

博物馆几经修建，尽管是清朝遗存，但还是有着不小的变化。原来博物馆有大门、二门、

议事厅、正堂、南北花厅、书房，甚至还有城墙包围，现在真正留下的老建筑只有大门、议事厅以及只剩 100 米的南城墙。

即便是现在看着气派的大门在近三四十年内也被改动过多处。20 世纪，大门还基本保持着清朝的模样，围墙是朱红色的，墙上盖着窄窄的灰瓦屋檐，大门上也没有任何招牌。到了 21 世纪，复兴路商业兴旺起来，博物馆也破墙开店，将红墙推倒后盖起了街铺。不知道为何大门还装上了仿古的牌匾，上书“总统兵马大元帅府”。实际上，历史上大部分

时间这里是提督衙门。2011 年，街铺被清理，不过，重新盖起来的墙壁变成了灰色，上面多了白族民居画以及规则的六角形装饰。改动的还有围墙内，博物馆在原建筑中轴线的南部新开辟了碑林区。

这里是大理最值得参观的博物馆，因为免费，它也是大部分旅游团必到的景点。每天上午 10:00 开始就会有大批旅游团进入博物馆。随着人流跨过漂亮的元帅府大门，再穿过一个带着拱门的照壁便能看到历史文物展厅，也就是过去的议事厅。这栋建筑气势雄伟，红色的立柱有十多米高，上下两层建筑全部以红漆覆盖。建筑前是一片小广场，广场上还放着两门铸铁火炮，据说是杜文秀起义中使用过的。

五华楼

居高临下看古今大理

当旅游团从古城南门蜂拥而入古城后，远远地就会看到一座古楼阁。游客们会好奇那是一栋什么样的楼，那就是五华楼。

五华楼在古城中心偏西南的位置，其实它并不是古城的中心。这座高高在上的城楼并不是观景台，在古代它是封建王朝的“国宾馆”。不管大理谁当政，它都是那些帝王们接待西南各邦、地方达官贵人的场所。

五华楼的历史最早要从南诏国说起。南诏帝国中期非常强盛，那时君主丰佑为了能有

地方宴请四方宾客，特地造了五华楼这个“超豪华国宾馆”。当时的五华楼不能简单地被看成一栋楼，它实际上相当于一座小城，可以住下1万多人。

五华楼命运多舛，战争和地震等天灾人祸不断摧残它。史料记载，五华楼三次失火被毁，三次重修，其中忽必烈征服大理后也曾斥巨资重修。由于苍山上木料越来越少，每次重修规模都不如前。到了明朝，五华楼又一次被烧毁后，人们索性将原来的钟鼓楼改成五华楼。

五华楼最近一次修建是在1998年，现在在复兴路这条拥挤繁忙的街道上看到的便是20世纪末的“产品”。它沿袭了明朝时的建筑风格。五华楼底下是一个城墙一样的基座，中间开了拱门，复兴路就从门下过。基座之上有三层木结构阁楼。青色瓦片覆盖坡顶，斜坡屋顶下矗立着朱红大柱，朱漆木门上的五彩木雕远远地就能看见。基座四方，风格一致的亭子各据一角，亭子之间还有流水互通，绿树红花伴其左右。走累了的游客、写生的学生常常在亭子里休憩、画画，他们一抬头就能看到高大的五华楼。

人们也可以走进这座楼。在基座的拱门中有一扇小门，门内现在开了商场。商场边上就有木楼梯直达楼上，楼上没有商业设施。每一层中间都有一个房间，房间外有回廊，站在回廊上，往里看是色彩艳丽的剑川木雕，往外看是大理古城和苍山洱海。因为有了回廊，这里堪称360度无死角，同时也有君临天下之气势。

南门清真寺

大理古城历史最悠久的清真寺

从道教的武庙会往南走没几步路你就能看到高高在上的星月标志，那是大理古城历史最悠久的清真寺——南门清真寺的标志。

在树影婆娑下，这个清真寺有着相当现代的外表，底楼之上以落地玻璃窗做墙，墙面间隔铺着白色瓷砖。虽然外立面主基调是白色，但屋顶和尖拱都是绿色的，突显了阿拉伯风格，两边还各有一个阿拉伯式的圆拱，让人一看便知是清真寺。

底楼房子都出租做了商铺，边上甚至还开了星月宾馆。中间大门直通寺庙，穿过这个拱门，里面的房子倒是中式的，这和沿街的阿拉伯式样建筑形成鲜明的反差。无论是两边的厢房还是中间的院子，抑或最里面的礼拜堂，无疑都是坡顶飞檐的中式建筑。尤其是中轴线的建筑，雕梁画栋，非常讲究。最豪华的礼拜堂有五开间，殿前有广场，广场前石阶高砌，雕纹石栏沿边矗立。

这些建筑大都是在21世纪重新修建的。尤其是两边的厢房，在中式的屋檐下是现代化的玻璃幕墙。如果要追溯它的历史，可以肯定的是最初南门清真寺并不在此地，而在不

远处的苍坪街上。在著名的杜文秀起义失败后，清真寺被清政府没收，直到清光绪年间人们才在现在的地址上购地重建。

大殿的每根立柱上都写了金字对联，房梁上、斗拱上都有金色花纹装饰，颇为讲究。据说清真寺还保存着清康熙年间著名经师蔡璿精心抄写的《古兰经》。

清真寺除了是穆斯林礼拜祷告的场所之外，也是教育机构，更是穆斯林民间聚会、联络感情的重要场所。古城中南门和北门两个清真寺是城中穆斯林聚会的主要场所。礼拜时他们齐齐戴着白帽子从城中各个角落走向清真寺，礼拜后很多人会再待一会儿聊聊家常。

武庙会照壁

安静的老墙与崭新的武庙会

大理古城听上去古意十足，但真要在城里找一些货真价实的古迹还真不太容易。比起那些各有特色的商店、香飘十里的餐厅，真正的古物或许就在你匆匆的脚步中被你错过了。武庙会的照壁就立在大街上，却往往被人遗忘，那可是真正的古迹。

沿博爱路往南，过了大理有名的古榕树便能见到照壁。在一堆已被拆除的房屋边上，在樱花树的掩映下，巨大的照壁似乎羞于见人。照壁的街对面是新修的“古迹”——武庙

会。通常旅游团都会前往武庙会而忽略照壁，因为这个新修的武庙会非常宏伟，看点颇多，更重要的是有大量商铺，而孤零零的照壁显然没有什么“商机”。

若是淡季，这两处“古迹”都会陷入沉寂之中。中午大大的太阳挂在天上，晒得武庙会门口两只合影用的孔雀有点抬不起头。游客太少了，以至于大部分商家都没开店。原来开发商引以为傲的下沉式商业广场空荡荡的，只剩下红色的铁制摊位分列两旁。偶尔有飘着扎染布的店铺象征性地开着门，但怎么也找不到老板。这种景象倒是让人们能安安静静地审视重建后的武庙会。

所谓武庙会其实就是关帝庙。原先此处确有古庙，那是明洪武年间的老庙。可到了当代，古庙荡然无存，只剩照壁一面。直到几年前云南省政府才在原址上重修了武庙会。从开阔的建筑面积和气势不凡的仿古建筑来看，这个工程确实是个大手笔，巨大的牌楼用繁复华丽的卯榫结构引导人们走向深处。开阔的广场边上，灰色屋顶一拨接一拨，白色的立柱一根接一根地撑起了二层高的仿古民居，巨大的八卦图显示了此地的宗教信仰。

最深处的大庙即为关帝圣殿，它气势恢宏、金碧辉煌。大门上的金漆木雕在阳光下熠熠生辉，殿内金色关帝爷居高临下、气势凌人，关帝像两侧有精美的宗教浮雕壁画，顶上居然盘着一条金龙。殿内最大的看点是关帝像边上的 63 尊本主。

爱莲说

素食主义者的福音

在大理，吃素并不是一件难事，事实上有相当多客居大理的素食者在大理愉快地生活着。大理苍山上的寺庙大都有素斋，即便是商业味浓重的古城也有让人惊喜的素斋。

爱莲说是深藏在九隆居的素食馆。古色古香的木窗外，长长的桌椅一字排开，红红绿绿的菜摆得满满一桌，温柔的阳光下，素食者们悠然自得地品尝着素食。店门口招牌上写着“素食自助餐 20 元 / 位”。

店内是浓厚的中国儒家氛围，大堂中间挂着巨大的孔子像，有一面墙上画着《爱莲说》的作者、理学创始人周敦颐的头像，还附上了《爱莲说》的文章和周敦颐的生平，儒学大师的身后都配上了巨幅的荷花壁画做背景。这里还开办国学班，许多小朋友来这里报名读国学。

店里大大的柜台上摆满了几十种素菜，其中鸡蛋羹、豌豆粉几个经典的菜是固定不换的，其他蔬菜时常会换新。这里的蔬菜用油较多，所以除了蔬菜的爽口之外，还很香。装菜的容器是一个个黑漆漆的钵，上面印着唐诗，传统文化可谓无处不在。在蔬菜边上还有杂粮、小米粥、蔬菜汤、水果、果汁。因为是自助，所以这里提倡吃多少，拿多少，不能有剩菜。

二楼也是餐厅的一部分，可以点菜。所有的菜名都引自《弟子规》。二楼从装饰到菜品要更精致，价格其实也不贵。然而有趣的是，大理的素食者更青睐便宜、简单的自助。更节约的素食者则会去对面武庙会边上的一然堂吃 5 元的自助素食。那里的素菜更为朴素、简单，素菜几乎不会放油炒，清淡的口味倒也有着一帮拥护者。

在大理，素食者不在少数，城里、山上总能看到修行者或素食馆。在这里品尝素食总能感受到一份超然自在的心情，不管 20 元还是 5 元，都吃得清淡，活得悠然。

坏猴子 · 凤凰酒吧

英国嬉皮士的夜生活

2002 年，斯科特和卡尔这一对英国人来到了大理，这里的云、海和气候让他们流连忘返。他们告别了寒冷、潮湿的大都市伦敦，决定定居大理。

“每个人都需要一个美妙的夜晚，大家可以舒适、愉快地坐下来聊天，有好酒喝，有美食吃。”斯科特第一次来大理古城时，发现现代都市的娱乐活动与古城绝缘，这让习惯了在伦敦泡夜店的斯科特很不适应。他觉得大理应该有一个酒吧，能让像他这样的外来者

有个消磨夜晚时光的地方。既然没有，那就自己来干，于是斯科特的第一家酒吧就在古城人民路的上段开张了。

大理变了很多。斯科特初来乍到时，古城租金低廉，而且已经有一批外国人定居在这里。低廉的成本、独占的市场、稳定的客源让酒吧迅速发展壮大。今天博爱路到复兴路几乎一半路面被他的酒吧占据。凤凰酒吧和坏猴子酒吧的店面连在一起有 20 多米长。

白天这里是安静的。

上午趁着酒吧还没开门，本地阿婆拿出扎染布摆在酒吧门口售卖。到了下午酒吧才陆续打开大门。凤凰酒吧有着翠绿的“外衣”，门口台阶被鹅卵石垫高。过去门口联排放着露天长桌，从下午起就有心急的“老外”来这里喝酒。从 2014 年开始人民路不准摆摊，凤凰酒吧也遵守规定，只有门口屋檐下一张桌子还摆在店外面。就在这张桌子上我们采访了老板斯科特，这个蓝眼睛的伦敦人当时正在给员工找药，身后的乐队在为晚上的演出紧张地排练。他留着络腮胡子，褐色的脏辫及腰，上身穿着酷劲十足的皮装，偶尔会掏出一支烟来抽。这个头发看上去一星期没洗的“老外”浑身散发着嬉皮士气息，说起话来一口纯正的伦敦音。有趣的是，在大理十几年的生活经历仅让他能用不流利的中文和员工沟通。

在嬉皮士外表下的斯科特也是一个生意人。傍晚他会和生意伙伴卡尔开会讨论生意。在那个时段酒吧正好人开始多起来。在昆明，斯科特还有啤酒厂，坏猴子啤酒是很多人去坏猴子酒吧必点的酒。他最新的酒吧也要开业了，离人民路 20 分钟的路程。

古城复兴路
王洱路
叶榆路

这是另辟蹊径的一条线路。它有些远离古城的中心，但并不远。离开核心地段的好处是避开人群，享受清净的古城，同时众多暗藏在古城的惊喜就在非核心区域等着你。

中和路
叶榆路
北门大菜市场
复兴路
平等路
Crafts man
大理基督教堂
银苍路
玉洱路
东王街
洪武路
杂字｜文学森林文创I
玉洱园
花时间私房菜
向月球飞去
博爱路
大理农村电影历史博物馆
蒋公祠
护国路
广武路
人民路

大理，这座城

徜徉在舌尖上的古城

说到大理，就要先从美食说起。喝奶茶有可爱的喵星人陪伴，这是化解旅途疲劳的好办法。吃不惯软趴趴的米线，你可以找东北大叔吃炸酱面。喜欢本地味道则一定要等待豌豆粉上桌。叶榆路上泡泡精品咖啡馆静静地矗立着。大理匠人执着的精神，或许能带给你不一样的大理感受。

大理美食包罗万象：寿司师傅是香港人；广东人做大理菜；就连视觉艺术家都能开中国味道的西餐馆。这些多元文化的碰撞不正是大理真正的精神吗？

在公园和菜市场能看到大理人的日常生活。榕树下的老人是大理的过去，花园座椅上写作业的学生是大理的未来，菜市场里讨价还价的阿姨是大理的现在。不要把自己当外人也许更棒。像当地人一样背上背篓去探索，你将更接近大理。最后在古老祠堂静静听一曲白族调子，大理过去的日子就在这首曲子里。

杂字｜文学森林文创民宿

享受大理的慢时光

这是大理独立文化品牌“杂字”的第四家实体店，也是杂字旗下第一家民宿。

这家民宿在东正街上，平时周围环境极其安静。民宿在这条巷子里显得很低调，但打开它黑色的大门，里面却是另一个世界。

民宿的院子不大，进门就是一座花园，一半是草地，一半是抬起的木地板。草地上有个花坛，巨大的猫咪雕塑立在中间，猫咪雕塑下是各种造型可爱的陶塑。花卉、绿树就在

这些可爱的雕塑作品中生长。两条青石板路引导人们走入室内。

在底楼，民宿设置了温馨的书吧。书吧内侧墙壁上摆满了书，中间放着大桌子，用来展示各种可爱的文创产品，中间位置还有一面装饰着巨幅抽象绘画作品的墙。靠花园的墙全做成了落地窗，阳光透过玻璃窗照在漂亮的彩虹椅子上，有两只可爱的小猫常在椅子上睡觉、嬉闹。

书吧的斜对面有一个工作室，室内展示了五彩缤纷的手工纸。客人还可以在这个工作室里做丝网印刷的手工纸。

民宿二楼、三楼是客房。走廊里挂着许多油画作品，它们既是装饰也是可以出售的商品。三楼的阁楼上有许多露天的木屋客房，房门上都贴着一首小诗。二楼还设置了可以晒太阳的公共空间，开放的外国姑娘常在这里穿着比基尼享受大理的阳光。

Crafts man

三合一的咖啡馆

如果叶榆路相对人民路、复兴路来说是僻静之地，那么 Crafts man（工匠）所在的叶榆路东段就静得像伊甸园了。Crafts man 也承袭了这种清静，白色的墙壁，一边是敞开式吧台，吧台前露天放着一张长桌；另一边一把躺椅上躺着老板壮壮养的憨厚的宠物狗。

壮壮来自天津，是个大块头的北方汉子。他是 Crafts man 的合伙人之一，也是驻店咖啡师。除了品咖啡，他还特别喜欢啃包子。“谁说咖啡不能配包子？”被朋友质疑时，他

总是自信满满要把啃包子进行到底。壮壮的技术来自曾在大理开店的“相对集精品咖啡”，现在咖啡店里的咖啡豆也是这家出品。除了精品咖啡，壮壮拿手的是一道熔岩咖啡。这是一款极具视觉效果的咖啡——当火热的咖啡像熔岩一样渗入冰奶中时，所有人都会产生品尝它的冲动。

“咖啡只占店门口的一部分。”壮壮说，除了吧台座位，店里没有设置其他座位，因为店里的另一部分是买手店。一个满世界跑的姑娘是这部分的负责人，也是店里的第二位合伙人。她到处搜罗漂亮东西放到店里卖，从墨镜、手帕、皮衣到帆布包等，这些东西都是这位姑娘的心头好。其中最有趣的是一个个复古的摩托车头盔在架子上依次排开，酷到没朋友。一辆摩托车还被开进店里当作货架摆着。这位姑娘喜欢怀旧风，所以店里带着点粗犷的美国西部味道。

在时髦物品中你会发现有一些皮具以及制作皮具的工具被陈列在一张工作台上。这些是第三位合伙人——秋山的物品。秋山是大理古城出名的匠人，制作的皮具受到众多人的喜爱，他的工作室就在二楼。

花时间私房菜

跨界的大理味道

大理味道是什么样的，恐怕很难说清楚。包容的大理几乎欢迎各种口味。花时间私房菜就是深得这种精髓的餐厅。

花时间私房菜开在古城隐秘的美食街广武路上。像古城大部分店铺那样，它的店面并不大，但有上下两层，是一栋典型的民居。沿街的窗户开得很大，几乎大半面墙都是透明玻璃，大门处难得有一小片天井，用木栏围成一圈，连招牌都是由古朴的木片做成的。青石砖的外墙上开满了鲜花，再配上白色窗框和三角形屋顶，人们来到这里，恍若来到了英国乡村。

店里的装饰简单——白色的桌椅配上一些鲜花做点缀，简洁明快。二楼仅有的露天座位是最佳的“阳光位”。“老板说话云淡风轻，让人很舒服。这次到大理来吃到了很多不一样的云南味，很满足。”在“阳光位”享受阳光的东北食客感叹环境舒适的同时对不一样的云南味道赞不绝口。在这里吃到的不只是单纯的云南味，这就是花时间最大的特色。

老板其实是来自广东的客家人。他本身是个大玩家，全国各地都跑遍了。因为自己爱吃美食，所以对各地美食都做了研究，将各地美食融合，逐渐自成一派。此前老板在阳朔、丽江都开过店，几经辗转最后来到大理，一待就是三年多。大理是他漂泊生涯中待得比较长的地方，他觉得综合来说，大理的气候、海拔恰到好处。大理更有生活气息，有各种小店、超市、菜市场，大理浓浓的生活氛围让他舍不得离开。

“各种口味都有。” 说到他自己的菜，老板坦言，为满足游客，他在少盐、少油、少勾芡的大原则下不拘一格地处理本地食材。所以点菜时你可以看到各种菜系的菜，比如有来自老板家乡纯正的广东靓汤，也有本地常见的石锅鱼。菜品毫无规律，唯一的原则是老板自己喜欢。最有趣的是诺邓的火腿配广东笋干，洱海的鱼片放了陈皮……让人大开眼界。

向月球飞去

西式早餐，中国味道

“这是马良开的哎！”

向月球飞去门前，文艺青年找到了自己喜爱的地标。这是中国先锋的视觉艺术家马良在大理开的西餐厅。不过马良和其他合伙人都很忙，你在店里几乎看不到他们。来自温州的可爱姑娘欢妞作为唯一常驻的合伙人，独自打理这家人气店铺。

2014 年，欢妞被朋友叫到大理，加入马良等人的大理创业项目中。

“本来是想做客栈的。”大理创业总充满着机缘巧合。在美国小馆吃了半年西式早餐的他们因为没有找到合适的院子，放弃了开客栈的计划。又因为合伙人中有做餐饮的经验，也许再加上受美国小馆的启发，他们决定开餐厅。

马良把它叫作“向月球飞去”，这个名字出自他喜欢的《丁丁流浪记》。作为马良的餐厅，餐厅里自然会有他的“影子”。二楼的小阁楼上，每一块空着的墙壁都装饰着艺术品，其中有技术娴熟的油画和摄影作品。有一面墙上还有涂鸦“凡·高”，连斜着的天花板都成了摆放艺术品的地方。欢妞说，这些并不是马良特意安排的，而是随意摆放。艺术品中有马良自己收藏的作品，也有很多是朋友送的。相当一部分来自马良著名的“移动照相馆”项目。

向月球飞去到处充满阳光和慵懒的气氛，除了幽暗的画廊阁楼。阁楼外有一个小小的露台，三张小桌子就塞满了，却是客人们最爱的露天就餐地。

一楼大门外则布满露天座椅。门下垫高了的门槛铺上垫子便成了舒适的户外座位。住在大理的人常来这里吃早午餐，饭菜的香味从背后的吧台飘出来，阳光划过瓦房坡顶射到餐厅里，露天座椅上的欢声笑语渐渐飘到远处苍山上。

玉洱园

古城人自己的公园

自在、包容的大理人常常被外来定居者称赞，正是他们的宽容让大理文化如此多元。当越来越多的游客到此一游，填满古城的大街小巷时，当越来越多的外地人成为“本地人”时，大理人有没有属于自己的秘密花园呢？

有，玉洱园便是其中之一。这个小小的公园就悄悄躲在大理古城里。它不是著名的景点，没有游客的身影；它也不是文艺小筑，不受外地人的追捧。它是真正的本地城市公园。古城的男女老少享用它，在这里你能感受到最简单的大理时光。

别看玉洱园只是古城的小公园，开在玉洱路上的大门却是城里最漂亮的白族建筑之一。屋檐下是丰富的彩绘图案，两侧还有鲜活的浮雕，让人见识到白族传统建筑动人的美。跨进大门，迎面便是一汪池水，池上还有几个微缩白族建筑。弧线漂亮的圆拱门、亭亭的石塔、镂空的白墙、缩小了的照壁依次跨在池子上，在池子里生出中国古典意境的倒影。在池水的另一边，高大的白族照壁引人注目，层层叠叠的飞檐翘角、檐下色彩亮丽的绘画，无不让人看得如痴如醉。

走过池子，公园里漂亮的中式建筑不断出现。池塘上架起了石拱桥，桥后边是连片的木楼，小径上、花丛中满是造型奇特的石头，还有铺着稻草顶的长廊相通，廊间有石碑露出，走廊尽头居然还立着古朴的石牌坊。

零星的建筑与池水之外，是大片大片的草坪和古木名树。茶花、樱花、牡丹、杜鹃、梅花、月季……这里一年四季树木长青，鲜花盛开，中间位置一棵巨大的高原榕树像一把巨大的伞，可以遮天蔽日。榕树下的椅子上老人们三三两两地坐着。若是落叶季，榕树叶不断落下，慢慢就铺满了青石地板。

公园里环境优美，而且座椅特别多，于是吸引了许多学生。中午他们会在这里用餐，下午则会来这里做作业、聊天、下棋、玩耍。伴着欢快的鸟鸣，闻着花香，学生们的身影在公园里跳跃。另一边也有老人在跳舞、拉琴，或者在公园里的运动场锻炼。这老少同乐的场面安详而又幸福，这就是大理本来的样子吧。

蒋公祠

物质文化遗产里的非物质文化遗产

蒋公祠的名字很明显地说明了这个建筑的用途。这是一个清朝大将的祠堂。这个清朝的古祠堂得到了很好的保护，是古城的一个物质文化遗产。而现在祠堂被改成了大理非物质文化遗产博物馆。这不仅让古祠堂得以和游客见面，也让人们对大理有了更深刻的了解。

蒋公祠能在古城保存那么好无疑是受到了上天的眷顾。这位蒋公是清朝的大将，来自鹤庆，颇能打仗，在镇压杜文秀起义时屡立战功，后来还参与了清光绪年间中法战争中的

镇南关大捷，最后被升为贵州提督（调任云南提督），成了一品大员。他还在云南修书院、兴水利、办交通。由他出资建造的金龙桥 70 多年间是金沙江上游唯一的大桥，现在已经是全国重点保护文物。

因为蒋公功勋卓著，清朝皇帝御赐了现在的祠堂。辛亥革命后祠堂被用作鹤庆会馆，中华人民共和国成立后一度成为幼儿园，现在蒋公祠的匾额又重新挂在了大门上。

在玉洱路上走，远远就能瞧见“蒋公祠”三个大字。大门外空间不大。在两边密布的商铺中，那个显示身份的八字门倒还显而易见，中间的歇山顶也十分漂亮。

走进大门，一进两院的传统建筑值得探寻。前院有正房和东西厢房。厢房有三间，也是过厅，可以走到后院，后院与前院格局近似。就在这些前后院的正殿和过厅中陈列着大

理的非物质文化遗产。从左手起，穿过各个院子，就如同穿梭时空，可以领略大理文化。从古老的神话传说，到信仰，再到扎染、刺绣、雕刻等传统手工艺，都有详尽展示。

最独特的是前院立着的一个亭子。那是一个宽 2 米、高 5 米的大理石御碑亭。亭子下有 1.2 米高的台基，顶上是有着优美弧线的歇山顶。亭子中供着清光绪二十九年（1903 年）立的抚恤御碑。其实石碑曾被拆毁，建博物馆时才重新造了一个。

就在这个石碑后面，正殿的前方，有一个小舞台，每天都有白族传统戏曲在这里上演。一弹一唱，白族音乐和戏曲声飘荡在整个院落。那音乐和唱段也是白族非物质文化遗产的一部分。不妨在古老院子里坐下，听听这些悠扬的曲调，那声音仿佛穿越了千年，让你听见一个古老的大理。

大理农村电影历史博物馆

向胶片时代告别

2011 年 4 月 16 日，大理电影院放完了最后一场电影，第二天它成了大理农村电影历史博物馆。大理是一个容易让人怀旧的地方，于是开了几十年的电影院被改成了博物馆。《叶赫娜》《阿诗玛》《孔雀公主》《山间铃响马帮来》《从奴隶到将军》《摩雅傣》……一个个几十年前观众熟悉的电影名字，一张张带着那个年代强烈时代色彩的电影海报，唤起了人们对那个时代的追忆。就连博物馆的开馆仪式也被冠名为“告别电影胶片时代”。

不过，大理电影院的外貌基本没变，如果不是事先知道它已经变成了博物馆，恐怕还是会把它当作电影院。门口宽阔的广场还是当地居民跳舞活动的好场所。当然，今天你走进这个“电影院”已经不用买票了。

走进大厅，只见一幅幅乡镇电影院的黑白照片和怀旧的老电影海报贴满了墙壁。除海报之外还有“电影编年史”展示。美国人拍的云南大型风光音乐纪录片《大理·一见钟情》在循环播放。相信上了岁数的人一看到那些几十年前的海报就会打开尘封的记忆，回到看电影的当年。馆内最显眼的是《五朵金花》的巨幅海报，正是这部在大理取景的电影，让全国观众知道了大理和它的好山好水，更让所有云南姑娘都变成了“金花”。

深入展厅，一面墙上挂着中国影星的黑白相片。墙对面便是一个过去大理农村放映电影的实景模拟：一排排木制桌椅被放在大厅中，用白油漆标着座位号，座位前方是用木杆挂起来的银幕。这就是当年农村露天放映电影的景象，虽简陋，却是农村人最大的娱乐活动。

不同年代、不同型号的电影放映机，规格各异的电影胶片，五彩缤纷的电影服装、道具应有尽有。展厅里还复原了当时的电影售票厅，一张票才几角钱。

博物馆里有资料说，清末法国传教士在古城东门的天主教堂放映“幻灯片”，这是大理电影的开始。到今天，一百多年过去了，大理古城唯一的电影院变成了电影博物馆。时光带走了大理的电影岁月，今天的我们只能像当年东门教堂外的大理人一样，好奇地通过看“幻灯片”来追忆那个年代了。

大理基督教堂

在古城中遇见英国基督教堂

在大理，信仰是多元的。除了原生的本主礼拜，还盛行儒、释、道，穆斯林也不少，各种信仰在大理都可以按照我国法律合法存在。

大理基督教堂在复兴路和平等路交叉口，远远望去，可以看到高高的十字架立在建筑的顶端。这是一座藏在街巷里的小教堂。教堂外墙用圆石垒砌，在街口，外墙还拐出了一个漂亮的弧线。弧线墙壁外白族大妈摆着烤饵块、烤乳扇的摊子。墙角和墙裙用条石砌成，成组排列的尖券形竖窗镶嵌在粗犷、简洁的卵石墙上。尖券窗外，戴墨镜的大叔拉着小提

琴，琴声伴着树影飘荡着，倒有几分身处欧洲的感觉，然而灰色四撇水瓦屋顶和烤乳扇的大妈立刻又把你拉回到大理。这座中西合璧的教堂就像大理一样具有多元文化的包容性。

石拱大门内是礼拜堂。教堂虽小，五脏俱全，祷告室、圣坛一应俱全。几位老奶奶端坐在长条木椅上埋头祷告，尖券窗透出的阳光照射到她们身上，勾勒出白色轮廓。教堂小圣坛没有按规制放在东方，而是因地制宜地置于北方。高高的天花板上垂下一条粗绳，那是系教堂大钟的绳子。钟楼就在它的上方。

就像这口钟一样，基督教堂也是英国传教士带来的。清光绪元年 (1875 年)，基督教由英国基督教内地会传教士张承慧、韩涌泉、富有德经缅甸传入云南大理，由此拉开了基督教在大理的历史。现在的教堂是清光绪三十年 (1904 年) 由这个内地会建造的。教堂也曾被地震破坏，但时至今日基督礼拜几乎从未中断过。除了周日礼拜之外，每周都会有几次查经聚会和祷告聚会。

北门大菜市场

市井大理

你去一个城市最想看的是哪里？地标？景点？高楼？

恐怕很少会去留意一个城市的菜市场吧。来大理，如果你想了解古城生活，还就要从这个北门大菜市场开始。

大理许多客栈都有厨房可以用，许多游客喜欢自己下厨做一顿饭菜，他们首选的就是北门大菜市场，即大理古城集贸市场。即便你不打算下厨，也可以去这个奇妙的地方看看，从那些鸡毛蒜皮的事里了解大理的风土人情。

北门大菜市场自然是在北门附近，在古城往东北方向，跟着背背篓的人走就能找到。它是由几条街道围成的一个矩形，各个街道都有出入口。

像许多菜市场一样，这里是古城里最早活跃起来的地方。清晨，菜农从四面八方赶来出摊。因为菜市场的存在，周围的街道也商业味十足，足足几十米都摆着摊位。早上这里是拥挤的，好在大家都去往一个方向。如果你想当一回地道的大理人，不妨也背个背篓，那是在大理逛菜市场的标准装备。

当你到达时，菜市场或许早就热闹起来了。最先吸引你的极可能是各种民族服饰，因为北门大菜市场规模大、货品销路好，有远道而来的傣族等少数民族的大妈穿戴着民族服饰赶来做生意。红的、绿的、黑的，长的、短的，纱的、棉的……穿戴着各种颜色、各种样式服饰的人们聚集在一起。

作为大理古城最大的菜市场，这里货品充足，种类繁多。菜场按货品类别划分区域，来挑菜的人们很容易就能找到自己想要的东西。

如果你9:00之前到北门大菜市场，还能吃到“稀豆粉泡油条”这种特别美味的本地早餐。吃完早餐你就能大开眼界了，因为你会看到许多这辈子第一次看到的东西。菌类是云南特产，在菜市场里也很常见，比如杂菌、青头菌、鸡油菌、青杆菌等都能在这里找到，还有很多稀有的野生菌，按季节时不时会在这里露面。除了菌类，神奇的大理人还吃花，金雀花、老白花、棠梨花、芋头花、芭蕉花在大理的菜市场都是“普通货色”。不过，可不是将它们买回去种，而是买回去煮来吃。最后，奇特的食品和颜色丰富的调料，也能让外地人大吃一惊。

古城人民路

古城的人民路是大理古城最有名的一条街，是很多人去大理的理由。人民路上走九遍，值得。相对于另一条商业气息浓郁的复兴路来说，人民路更具个性、更有趣，它不是简单的商业街，而是大理一个时代的缩影。

听说客栈
叶榆路
中和路
平等路
复兴路
洪武路
银苍路
美国小馆
广武路
海盗酒堡
玉洱路
博爱路
人民路
西景线
炸鱼薯条和深夜食堂
护国路
荷作社
唐咖
九月
大理文化园
The sweet tooth 甜点屋
大理天主教堂
88号西点店
新民路

古城中的融合交汇

人民路窄窄的，不像复兴路那么宽阔。它东低西高，是一条缓缓的坡道。“原来古城路都这么宽。”城里的老人会告诉你，人民路才是古城原来的模样。原来它更安静，没有那么多铺子。当麦当劳占据拐角时，人民路的一个时代似乎在慢慢告别。这个时代的人民路或许文艺，或许个性十足，是大理古城最精彩的部分。

现在你还可以看到这个时代的“尾巴”。当初，从四面八方而来的定居者们选择在这里经营他们新的事业。音乐人在这里开了小酒吧，让不同的声音飘荡在古城。“老外”拿出看家的手艺，给古城带来了西式餐饮，更拼凑出了独特的古城气息。

在这里，受够了大都市的旅行者摇身一变成了咖啡师、手艺人、餐厅老板。他们给人民路带来了不一样的生活方式，以前更有众多嘻哈、朋克、波希米亚风格的旅行者在人民路摆摊。他们玩的都是个性，做的都是自己喜欢的事，也成就了古城最有趣的风景。古城生活本来就是这么随性。

88 号西点店

从小作坊起家的甜品店

上午 10:00，一位德国女士走进 88 号西点店的庭院。她把院子里的花剪下，收集起来放到一起，然后把花一束一束地插到桌子上的花瓶中。这个德国人就是西点店的老板柯卡林（Karine Kaffrell）。

这个在大理住了十多年的德国人已经是个“老大理”了，她和丈夫甚至在沙溪买了房子，安了家。这位德国老板从小就喜欢烘焙和烹饪，作为一个化工工程师，却自学成为烘

焙大师，曾经在欧洲烘焙行业干了好多年。2007 年，她来大理创业，最初她借用一位艺术家的房子做起了手工烘焙作坊，那个地方就是玉洱小区 88 号，现在店名的“88 号”就是指此地。当时店内仅有几个员工和一个厨房，她却凭借德国人惯有的认真态度和对美食制作的激情将作坊搞得风生水起，不久就出了名。

现在这位德国人已经租下人民路黄金地段的街铺，那是一座两层的大房子，底楼还有一个敞亮的小院子，店里员工也增加到了 15 个，每一个员工都经过严格培训，在烘焙、烹饪和服务上都达到了德国人要求的标准。

在这里，你可以享受到最有品质的食品。柯卡林做蛋糕、面包时大量使用当地有机食材，而在调和蛋糕、冰激凌、果酱等口味时也会尽可能用当季的水果。此外，这里也不会出现任何化学添加剂和防腐剂。

88 号西点店的菜单内容非常丰富。从唤醒你的健康早餐，到轻松惬意的下午茶，都是美妙的享受。这里还有老板拿手的德国特色菜和“老外”非常喜欢的芝士拼盘。

在美丽的庭院里，柯卡林常会和客人打声招呼，问问客人吃得怎么样。在这个有阳光和鲜花陪伴的院子里，你一定要来一块芝士蛋糕，香浓的芝士和松软的蛋糕仿佛把美妙的阳光和鲜花、食物融合在了一起。

The sweet tooth 甜点屋

聋哑人和美国祖传手艺的结合

大理的甜点并不少，但错过这家应该是一种遗憾，不仅仅因为它做最地道的美国甜点，更因为它是一种大理的温度。

当我们采访甜点屋时，恰逢它刚刚搬家，从原来的人民路拐角搬去了稍远的街上，店面变大了，但好味道没有变。甜点屋还是沿用古色古香的大理街铺装修风格，分上下两层。传统的木窗透着大理阳光的温暖，门口的大玻璃柜里陈列着各式各样新鲜的蛋糕。

“姐姐叫我一定要到这里尝一尝甜品。果然很不错。”东北姑娘被甜点屋的蛋糕彻底征服，她说，在这里吃甜品，满满都是幸福感。她点了甜点屋最经典的提拉米苏。甜点屋的提拉米苏被奶油包裹着，呈现出一种柔和的圆润感，不像常见的提拉米苏是横平竖直的几何形。大块的蛋糕看上去就让人食欲大增，咖啡色的可可粉铺在黄色的奶油上，咬下去先是浓浓的奶油味溢出，接着酥酥的蛋糕里渐渐透出一股甜酒的味道。

甜点屋的另一个招牌是芝士蛋糕，很多人吃过后都称赞它是自己吃过的最好吃的芝士蛋糕。这里的芝士蛋糕口感细腻、滑润，巧克力的味道也恰到好处，甜味和苦味得到了平衡，做到了甜而不腻。

甜品总能让人感到幸福。甜品屋的留言簿上就满是人们吃过甜品之后幸福的留言。打开这本又厚又破的本子，中文、英文、日文等多国文字在眼前呈现，吴奇隆、莫文蔚等明星的签名也赫然在目，有一对美国客人还画上了自画像。

“这些都是老板坚持品质的成果。”已经在这里工作四五年的店长道出了甜点屋成功的奥秘。老板来自美国，2001 年因为工作原因来到了大理。在云南，这位美国人为了帮助残障人士就业，便在大理古城开了这家店，让聋哑人来学习甜品制作，给他们就业机会。老板本身有制作甜点的祖传手艺，至今甜点屋仍旧恪守最传统的西方甜点制作工艺。聋哑人蛋糕师也都是老板亲自培训出来的，学艺时间都超过 3 年。

老板在这家店守了 4 年，因为工作调动已经回美国了，但店里甜品的制作流程和方法是不变的，每次换季出新品也都是美国老板亲自定下的。另外，为了保证品质，甜品中没有任何添加剂。大部分原材料从美国进口，国内的原材料也都是在固定的实体店里采购的，以保证质量。

现在店里有三四个甜点师傅都是聋哑人士，甜点屋还是残疾人就业示范点。在这里消费，既能吃到美味甜品，也间接地为残障人士就业出了一份力。这里也许是大理古城最甜蜜的店，像它的英文名那样，甜到牙齿，更甜到心里。

大理文化园

认不出的大成门

古城里的两位老伯在大理文庙崭新的棂星门前仔细打量，随后还仔细看了一旁的简介。此时重修的文化园刚开放不久，在这里生活了大半辈子的他们第一次看见文庙里有如此多的新建筑。

此前，他们熟悉的文化园是文化馆、图书馆，甚至是电影院。

“认不得喽！”陌生却又熟悉的地方让老伯感叹。他说，过去三三两两的老人就坐在大成门下聊天、喝茶，有的人还会下棋、打牌，学生们则来这里看书、写作业。最开心的还是看电影，电影院就是由大成门后的大殿改成的，电影院里柱子又多又粗，要三个人才能合抱。那时候大理古城没有什么娱乐活动，这里便成了大理娱乐的中心，老大理人也就直接把这里叫作电影院。

这座记录了大理白族文化传承的文庙一直命运多舛，历史上有记载的修建、变迁就不下 10 次。在最近的一次重新修复前，只有大成门还是清朝留下的古建筑，老伯说到的图书馆、文化馆都是当代建筑。文庙从 2012 年年底开始“恢复性重建”，到 2016 年元旦新的文化园才重新开放。

新的文化园重建了弘圣门、照壁、泮池、棂星门、两庑、天子台、大成殿、崇圣祠等建筑，其中大成门被保留了下来。不过，新的大成门似乎有些变样。建造者们花了很多心血，添

加了许多木结构和木雕，反倒把原来的亭式建筑严严实实地“包裹”了起来，这让熟悉它的大理人都认不出来了。

让老伯欣慰的是，他喜欢的文化馆、图书馆都在建设中，不久的将来就会投入使用。此外，文化园还新增加了孔子文化园、长廊、书文化广场、展览馆等，大理人还是可以把它当成公园，在这里看书、读报、喝茶、聊天。

现在，来这里的大部分是过路客，也有大理学生和家长在大成庙前上香，向孔圣先师求福。大理是白族聚居的地方，儒家的文化早已融入了这座古城，即便不重修，恐怕每个大理人心里也都有自己的大成门，自己的文庙。

大理天主教堂

法国人的中式教堂

人民路安静的小巷子里藏着大理古城最有视觉冲击力的古建筑——大理天主教堂。

当人们跨进它略显小气的门之后就会看到大气磅礴的教堂。“天啊，居然是这样的天主教堂！”游客常常这样惊叹。天主教堂的外观的确有震撼力，它不是你想象中传统的欧式天主教堂。尽管它是欧洲传教士在 20 世纪的杰作，但传教士们把它建成了“中国式”，

确切说是白族式样。

这座有鲜明白族特色的教堂也叫圣三堂，在阳光下，它的一个个中式檐角高高翘起，像是一对对翅膀，仿佛稍不留神就要飞走。飞起的屋檐下是精美的石雕和艳丽的彩绘，就像白族的大户人家一样，用精美的做工显示自己的不凡。立柱和大门是标准的中国红，门上方是层层叠叠的斗拱。门上的楹联既有天主教色彩，也讲究对仗，中西文化在此交融，相得益彰。抬头看去，高高的钟楼上十字架直插云霄。从侧面看，教堂有着标准的“长、

进、深”，整个教堂像一艘即将起航的挪亚方舟。

从讲堂内部可以看出整个建筑以木结构为主，墙壁上有精美的油画，天花板如满天星辰，给人一种童话世界的感觉。阳光透过一楼的拱形窗户和二楼的方格子窗户，照亮了教堂。

若是恰逢弥撒，古城的教徒从四面八方过来，有穿着传统服饰的白族老人，有金发碧眼的欧美人，也有香水味四溢的南亚人士……

唐咖

咖啡香不怕巷子深

在人流穿梭的人民路中段，如果你细心点，会发现一块竖在路边的黑板，上面写着“唐咖”。顺着黑板指示方向看去，一家门面很小的咖啡馆躲在巷子里。一进门便是长长的吧台，吧台上摆满了器皿、咖啡豆和咖啡器械，整个工作台琳琅满目却又很整洁。咖啡师在吧台上有条不紊地冲着咖啡，香气慢慢弥漫到整个咖啡吧。咖啡吧里干净、简洁，除了木

制桌椅、沙发座和几盆绿植，几乎没有多余的东西。唯一亮眼的是最里面的墙上贴着一幅巨大的咖啡世界地图，让人感受到了些许精品咖啡的文化气息。

如果你信步到二楼、三楼，唐咖还有另一个世界。后院之上的房间是唐咖客栈的房间，房间都用咖啡产地命名，这边是“肯尼亚”，隔壁就可能是“牙买加”，几步路就绕了地球一圈。最讨人喜欢的是客栈楼上许多空间被巧妙地设置成了咖啡吧的一部分。竹帘子下的长桌，大玻璃墙里的阳光房都是独特而又舒服的休憩地。顶楼还有宽阔的露台，站在上面，古城一览无余，苍山、洱海就在眼前。

“这是我在大理最喜欢的咖啡吧。”在大理开客栈的霭琳喜欢向客人推荐唐咖。她自己也买了这家店的会员卡，不仅如此，她还和唐咖的老板唐唐成了好朋友。事实上，唐唐在大理朋友众多，也算是一个名人，她是大理精品咖啡的“先驱”，是最早把精品咖啡引入大理的咖啡工作者之一。店里的一面墙上贴满了唐咖获得的各种奖状，就在我们第一次采访时唐唐正带着学生远赴上海参赛。第二次采访见到她时，唐唐本人已经是国内著名的咖啡师评审了。

唐唐和大理的故事从 2009 年开始。她第一次来大理便萌生了留下的念头。几年后，在南方做过酒吧、外贸生意的唐唐便选择定居大理，而开咖啡馆只是一个偶然的决定。第一家店开在僻静的九隆居，后来发展受到限制才在人民路开了第二家。最初大理缺少精品咖啡，她举办了 1 元钱喝咖啡的活动，把精品咖啡的文化引入大理的圈子。那时候她就收了很多学生，现在大理许多咖啡馆的咖啡师都师从唐唐。面对众多大理咖啡的后起之秀，唐唐并不担心，反而觉得店多了，才会把市场做大，把咖啡文化做强。在吧台边，唐唐一边挑着咖啡豆，一边淡淡地说：“除了咖啡品质，唐咖最重要的是服务，咖啡师没什么了不起的，只是多了一项技术、技能的服务人员而已。”就在她身后的院子里，唐咖的服务员正烘焙着咖啡豆，令人陶醉的焦香味飘满了屋子。

九月
大理好声音

每天中午人民路就会热闹起来。就在人民路热闹时，九月酒吧还是沉静的，它似乎是人民路商业时代的一个另类的存在，不管人民路怎么热闹，它只属于大理文艺的夜晚。

当星星挂满苍山头顶时，破旧的九月就在迷离的灯光下骚动起来。三三两两的大理文艺青年径直走进玻璃门里，先是看到一条狭长的廊厅，吧台和工作台占去这里一半的位置，再进入便是一个小院子。半圆形的舞台占据一角，剩下的空间摆放着六七张桌子。此时客人已经坐满，舞台上三个乐手摇曳着身姿弹奏着另类的乐曲。所有的灯光都聚焦在舞台上，

没有人注意到透过玻璃顶棚还能望见星星，更不会看到漆黑的角落里还有茂盛的枇杷树、绿油油的竹子、滴着水的水缸。在舞台边，还有一个包间，夜晚这个包间很少有人会去，因为墙正好挡住观看表演的视野，在吵闹的音乐声和黑暗的环境里聊天也成问题。

在吧台挨着门口的位置，戴着绒线帽的圆脸姑娘小玮蜷缩在吧椅上。时常有人过来和她打招呼，有时还会劝她喝酒，她就是九月的老板。她能找到大理最好的音乐人来店里表演，每周四都有周老大和周老二的即兴音乐会，星期天则是张佺和马雪松的“重返大理国”专场。常居大理的周云蓬、李带果、吴俊德、文烽等音乐人也会出现在这里。更有来自全国的音乐人把九月设为必去的舞台。

九月的音乐和人民路上生意火爆的民谣酒吧的音乐风格很不一样。它不商业、不媚俗，偏向试验性，有时候就是奇怪乐器的演奏会，有时候整场演唱没有歌词，甚至让很多听惯流行音乐的人觉得陌生和晦涩。这些音乐人都是朋友，不用特意邀请，互相有默契就来了。而另类独特的音乐风格和它的创始人欢庆有着自然的关系。

欢庆是定居大理的民族音乐探索者，也是九月最初的缔造者。这个沉浸在民族音乐和各种试验性创作中的音乐家，正是九月的灵魂。在大理，欢庆活得像一个匠人，没事就躲在九月做乐器或是研究整理田野乡间的民族音乐，有时欢庆也会在自制乐器的伴奏下吟唱无词的“灵歌”。

因为他的存在，许多乐队把九月设为巡演必到的一站，且有越来越多的音乐人聚集在九月的屋檐下。就连人民路卖羊肉串的维吾尔族大叔、隔壁院子的义工、不小心误入的游客，都会兴致盎然地到台上即兴表演。九月并未对音乐设置门槛，任何人都能在这里找到听音乐、玩音乐的初心，这个自由的音乐酒吧正如屋外大理的空气一样，清新、自在。

炸鱼薯条和深夜食堂

一店二开——人民路的创意

这是一家店，又是两家店，因为它白天叫“炸鱼薯条”，晚上叫“深夜食堂”，一间铺子两个老板轮流经营。只有人民路的创业者才能想出如此另类而又经济合理的点子。

这家店是人民路上典型的小铺子。店铺很长，但极其狭小，底楼仅十几平方米，还有近一半被厨房占用，摆三四张小桌子就没有多余空间了。二楼还有一个小阁楼，但也坐不了几个人，店里采光也一般，全靠朝着人民路的大门才有点阳光照射进来。

店铺的一侧靠着一条小巷子，另一个侧门就开在巷子里，两个门不会同时开。白天，炸鱼薯条打开朝人民路的大门；晚上，深夜食堂则开侧面的小门。

白天，上海姑娘红红准时出现在店里，打开大铁门，在门口摆上一张桌子、一块黑板，炸鱼薯条就开张了。红红是个铁人三项爱好者，因为突然对餐饮产生极大的兴趣就和朋友辞职来到大理开店。现在合伙的拍档退出了，但她一个人仍旧坚持着。

炸鱼薯条店虽小，红红却做了不少精心的布置，各种造型的灯饰既可照明也是绝妙的点缀，桌上放了小装饰品和鲜花，就连小小的窗台也放了漂亮的干花。店里的食品以油炸为主，主打英国的国菜——炸鱼薯条。这手艺据说是通过看网上“老外”的视频学来的，与外国做法不同的是，红红用的是腌制过的鱼，而英国人则用新鲜的鱼。这一变化让鱼更入味，而不是像英国传统做法那样纯粹靠酱料调出味道来，就连英国客人都称赞这样的鱼比老家的味道更丰富。

这个炸鱼薯条的创意其实是红红参考了上海永康路著名的炸鱼薯条店。她还事先征得那家店老板的同意，当初上海炸鱼薯条老板并不觉得她在大理能成功，没想到她居然坚持到现在。尽管小店挣不了大钱，但红红乐在其中。她也不再像以前，机械地上班、下班，而是很开心地起床、买菜，准备开店。

时间接近晚上 9:00，红红收拾一下就准备关上大门。另一侧小门将打开，深夜食堂就要运作起来了。在大理古城，夜生活并不像大都市那么丰富，但已经有足够的夜店撑起古城的夜生活。过去，“夜猫子”们常为深夜觅食烦恼，酒过三巡后他们没有什么方向，自从有了深夜食堂，一个有夜宵的精彩世界被打开了。

夜里店里的格局和白天的类似，只不过深夜食堂的菜单会被挂出来，同时会播放一些老上海的歌曲。贾森（Jason）就在狭小的厨房里为古城的“夜猫子”们忙碌着。从一人店一路走来，今天的深夜食堂已经有好多人来帮忙了。

荷作社

皮具和麻衣，荷与作

在人民路嘈杂的人群中也有安下心来做事的人，晓军和秋秋就是这样的人。“我们不混圈子，只是实实在在做事的人。”每天，他俩都会在自己的小店铺里安静地做皮具和衣服，不管外面的世界多纷扰，他们总是沉浸在自己的小世界里。

晓军喜欢爬山，是一个爬山狂人。这个秋秋眼中的猎人，有一天突然爱上了皮具制作，从此一发不可收拾，自学成了皮匠。秋秋则是天然布料成衣的追随者。在人民路开店之前

他们各自在九隆居开着店，这两个性格契合的邻居在 2014 年萌发了合作的念头。2015 年年初，荷作社在人民路诞生，名字各取了之前店的一个字，既是对前店的延续，也寓意着新的开始。

荷作社店面并不大，狭长的店铺总共 20 平方米出头。两位主人的工作台占据了主要位置，四周布满了麻棉布料的衣服和种类繁多的皮具。整个店铺的结构保存了老街老房子的样子。木制的横梁横在头顶，土墙尽管抹上了洋气的红色，依旧挡不住岁月留下的凹凸痕迹，墙边一蓬蓬娇艳的绿植和花朵在争艳，脚下的青砖已经被磨得有点光滑了。唯一的大改动是后部天花板改成了玻璃顶，让老房子采光更好。自然主义风格和棉麻衣物、皮具相得益彰。

尽管开张的时间不长，小店却有了很多回头客，有的隔了一年还来光顾。荷作社的皮具都是手工制作，衣服则是半手工，设计上并没有特别的方向，都是“自己喜欢的样子”。不过，衣服多少都带有一些中国风，其中不乏漂亮的童装，而大理卖棉麻童装的并不多。

皮具追求的是简约和实用性，用料讲究，手工精细。客人还可以定制皮具，小件工期为两三天，大件可能要一周甚至更久。因为所有的皮具本来就是手工制作的，所以定制的和现成的皮具是一样的价格。

走出自然主义的荷作社，人民路依然嘈杂。回头望去，两个“工匠”依然在安静地创作自己的下一件作品。在强烈的反差下，这里就好像是人民路的“平行世界”。

美国小馆

大理的“Diner”时光

下午，大理和煦的阳光照在美国小馆的遮阳伞上，伞下三三两两的客人在享受下午茶时光。“Hello，David（戴维）！”一个大块头美国人每天下午都会来这里，大部分客人似乎都能叫出他的名字，而他身边总有一位娇小的中国女士相伴，那是他的妻子杨悦。他俩就是这家美国小馆的老板——一对恩爱的合伙人。

美国小馆在2013年的万圣节开张，是这条街上最早的店之一。在这家店开张的前几年，夫妇俩其实一直在寻找适合他们创业、生活的地方。他们跑遍了中国从东部到南部的沿海区域，甚至把东南亚都转了一圈。上海的商业化、鼓浪屿的嘈杂、泰国的人生地不熟都让他们望而却步，唯有大理是他们的理想之地。

第一次来大理时，寒冷的冬季和雨水浇灭了他们创业的热情。好在第二次来时，一个偶然的机会他们发现了今天美国小馆所在的房子，让他们有了留下的冲动。实际上当时房子已经被别人承租，不过对方也刚刚拿到房子，并没有具体的创业方案。原来的租客同意和他们合作，这才有了今天的美国小馆。美国小馆的英文名就寓意着这种偶然而又美好的生活。

起初夫妇俩并没有具体的方案，只知道要做餐饮。戴维是个美国“吃货”，并且年轻时在纽约有丰富的餐厅打工经验。另一方面戴维喜欢早起吃好吃的早餐，于是一个主攻早午餐的“美式Diner（小饭馆）”便萌芽了。夫妇俩从零开始创建这个美国味十足的简餐餐厅。狭窄的店面绝大部分被高高的吧台占据，吧台里是宽大的开放式厨房，要在室内用餐几乎都要坐在吧台边。早餐期间服务员时不时会为客人加咖啡，这些都像极了好莱坞电影里的美式餐馆里的情景。

餐厅的门脸全部是可开关的落地玻璃门，平时都是敞开着的。门外是舒适的户外座椅，白色的藤桌、藤椅让人们想到了海边。下午，大理的“老外”们就会在这里相聚，品尝甜点、饮料，聊聊大理的故事、家乡的消息。

时至今日，尽管已经有4个本地厨师被他们培养出来了，戴维和杨悦还是会亲自下厨做料理。他们追求的是新鲜、快速、健康、社区化。在这里，芝士用的是香浓的瑞士大孔奶酪制作，吐司都是当天现烤，果酱都能看到手工制作才有的果皮……而夫妇俩每天下午都能和客人聊上一会儿，毫无客套成分，纯粹得像是街坊聊家常。

好吃、新鲜的西式美食，可续杯的咖啡，阳光下的“老外”，此起彼伏的欢声笑语……恍惚间让人以为来到了纽约的街上。哦，不！这还是大理，这是大理的“Diner”时光！

海盗酒堡

来自大理的啤酒味儿

海豚阿德的老板有一次路过“面目全非”的人民路，他自嘲需要压压惊。而他压惊的方法，就是去海盗酒堡和朋友来上一杯啤酒。

处在叶榆路靠近人民路地段的海盗酒堡，是许多常住大理古城的“酒鬼们”的乐园。他们不喜欢人民路过分的吵闹和商业味儿，但又离不开以它为中心的活动，唯一的办法就是到海盗酒堡这一带求得闹中取静的舒适。

在叶榆路曼妙的树影下，海盗酒堡门前清静自在。比起人民路上的大部分店铺，海盗酒堡的门面显得宽阔了许多。洋红色的外墙让它很快从一众店面中跳脱出来，大大的弧

形遮阳篷下是一个 1 米多宽的吧台，吧台边上贴着霸气的海盗海报，吧台里则排列着十几个啤酒龙头，吧台外三三两两地随意放着吧椅和桌子。店里有三个房间——一个办公室、一个酒类陈列室、一个鲜啤操作室，但没有一个房间是客人可以入座的。除了相熟的客人可以坐到办公室，大部分客人就坐到露天座位或者吧台前。

白天海盗酒堡的老板——老王通常就坐在办公室里。这个留着络腮胡的陕北汉子在南方工作多年，那个海报里的海盗就是他本人。老王爱酒，定居大理后开了这家酒吧，把卖酒作为在大理的事业。这里起初并不算酒吧，而是以卖各种洋酒为主，所以现在店里大部分空间都用来陈列酒，从烈酒到葡萄酒应有尽有。因为大理的租金连年上涨，老王才逐渐做起了酒吧生意。

酒吧最大的特色是供应大理本地自酿鲜啤。在大理的外来定居者中有一批人自己酿造新鲜啤酒，他们酿造的啤酒水准非常高。好多酒吧都有来自青岛的老张提供的鲜酿啤酒。还有一个美国“老外”，从大学时代开始就在自己宿舍里酿酒。现在，老王的啤酒龙头里可以放出 20 多种不同工艺和口感的鲜酿啤酒，如果是初次品尝鲜酿啤酒，往往需要在他的指导下选择适合自己的口味。

在淡季，酒吧生意并不红火，但到了夏季，酒吧的生意会好很多，老王的朋友们也决不会让这里冷清。

在海盗酒堡的边上有一众欧陆风情的小店——开着大拱门的大象咖啡馆、有着良好口碑的比萨饼店，都是大理古城老牌小资店铺的代表。加上人行道开阔，树荫茂密，这里便成了天然的休憩地。平时浪漫的外摆摊位总能吸引人们前来探访，让这里变成古城聚会的好地方。

听说客栈

来自大理的希腊风

古城郊区有个果子园，这里是民宿的集中地。这个城中村里有一个安静而又清新的民宿，叫“听说客栈”。

客栈门前有个花岗岩的大水池，多年的水洗把它磨得光光的，至今村子里的妇女还常来这里洗衣服、洗菜。水池边有一条小溪流过，小溪边是高大的青树，大青树下是一个小广场。白天，大爷、大妈在这里闲坐、聊天；晚上，村子里的“文艺骨干”都会聚到这里跳广场舞，其中不乏各种民族舞蹈，白族的、傣族的都有，跳得还都像模像样。

广场背后听说客栈的蓝白相间的围墙特别醒目，大大的“听说”二字颇具艺术性地呈现在墙上。大门里是一个铺着石板路的院子，路边花草密布，一条短腿的宠物犬在草地上飞奔。院子里的建筑也以蓝白色为基调，整个民宿有着浓厚的希腊风格。

听说客栈的设计干净、清新。大堂里有沙发、靠着窗的阳光座位，还有美式桌球。镂空呈拱形的隔墙上有干花装饰，对面墙上挂着一辆漂亮的单车。众多简单却饶有趣味的装饰点缀着这个民宿，体现了主人不错的审美情趣。

听说客栈的客房大部分集中在二楼，依旧保持着希腊式的干净、浪漫风格。客栈里有几个不错的阳光房，大玻璃外墙正对着洱海，窗台有沙发，沙发旁放着茶几和茶具。坐在沙发上看着洱海发呆，是最享受的事。

三楼是个大露台，听说客栈的老板大脚经常爬上来拍大理的日出。他虽然只是这家客栈的其中一个老板，但日常经营都由他和他的未婚妻安安负责。他们来大理已经3年多了，此前也有过几次创业经历，但因为种种原因最后选择了大理。大脚在网上很出名，是一个权威的“大理通”“攻略王”，在大理几乎没有他不知道的事。每天早上，他最乐意做的事就是手把手教游客玩大理。

大脚本是一个学法律的优秀学生，却痴迷于大好河山，常游山玩水，对大理更是一往情深。尽管客栈的竞争越来越激烈，古城的生意也有走下坡路的征兆，但他还是坚持留守下来。不久的将来，也许他和安安的婚礼会在大理举行，他们的爱情故事也会在大理延续下去。

苍山北线

走出南山南，但见北山北。从古城往北，苍山风景依旧苍茫，有更多佛家仙气和隐秘的修行者若隐若现。

无为寺
西景线
大理线
苍山
三塔路
文笔路
崇圣寺三塔
三塔倒影公园
莫催茶室
桃溪谷
隐仙路
观音路
三月街
大理古城
一塔路
文献路
洪武路
玉带路北段
中和寺
弘圣路
学府路
大理大学

遇见

大理，这座城

隐秘山林的风景与修行

最美丽的大学之花在苍山上“盛开”，没有比在苍山上建大学更好的主意了。爬上山坡，一个园林般的大学就这样跃入眼里。这里的樱花烂漫，拉开大理延绵不断的花季。祖国的花季青年在这里成长，拉开了他们成熟的序幕。

与新颖的大学相对，苍山下还留有古老的传统。热闹的三月将三月街“煮沸”，从唐朝流传至今的赶街传统，以开放的姿态迎接所有赶到苍山脚下的人。新的生活方式改变着大理的方方面面，而这山脚下的集市却依旧顽强地存在着，成为人们最不可错过的大理传统。

若是时光倒退千年，三月街的喧嚣之外是佛道的僻静和避世主义。古代修行者们的躯体早已长埋苍山下，却在连绵的山体上留下了他们的灵魂。苍山上不断出现的道观、庙宇讲述着修行的故事。佛、道一家的中和寺带来了大理宗教自由之风，更引领人们在玉带路上寻找苍山的绿野仙踪。它的山下是一片金色琉璃瓦——崇圣寺挟着皇族贵气在丛林里立起南国佛法的丰碑。屹立千年的三塔有着娟秀灵动的身影，哪怕只是一池倒影也足以让人们兴奋起来。

时光不会倒转，但苍山上从来不缺虔诚的修行者。像千年以前一样，隐秘的桃溪谷还在洗涤来访者的心灵。在茶香飘动的岁月里，一批批静修者以各种方式亲近绿色的山川，他们的前辈则喜欢无为寺之上的山崖。那片崇山峻岭里曾经躲着一代又一代避世的人们。

大理大学

苍山下最美的大学

到大理古城怎么能不去眼前的苍山呢？尽管苍山的雪越来越少，但仍不失为一处原始生态味十足的胜景。除了坐三条索道上苍山，有没有别的新奇的玩法？当然有。去大理大学看苍山也不失为一种惬意的苍山游。

去大理大学，不用应付阿婆们的招揽，不用买门票，不用挤在旅游团里等索道缆车。只要带上相机慢慢游走，苍山洱海近在咫尺。

大理大学就在苍山脚下。从古城出发往南走便能到达这座山上的大学。“这是全国最美的大学之一。”大理客栈老板这样介绍它。它也的确经得起这样的赞誉，背靠苍山，面朝洱海，像诗人说的那样——春暖花开，花开四季。

大部分人会从东大门步入学校。爬上山坡，首先映入眼帘的是学校的中轴线。摩登的教学楼、宽阔的广场、大学的雕塑在这条线上一字排开。教学楼令人印象深刻，大胆的几何图形、冰冷的钢架、反光的玻璃幕墙无一不极具“试验性”。而它的两侧建筑大都是白族传统风格，灰色的斜坡顶、白色的墙壁和绿色的山坡构成一幅传统大理画卷。

在教学楼前是走动的学生，跟随他们可以走进教学楼参观，在高层可俯瞰这所美丽的大学。在中轴线最高处的两个教学楼是最好的观景点，正前方可以望见洱海，北面是一条条林荫大道，长长的文化广场和许多白族式样的楼房夹杂在绿荫中。若是阳春三四月，这些绿荫大道会被染成粉红色或紫红色，因为那时正是樱花盛开的时节。大理本地的云南樱

花颜色较日本的要更深一些，四月下关来的风余威尚存，于是一夜南风便在大学留下落英缤纷。

大理人、游客闻风而来，几条主要的樱花大道上都是赏樱的人。若是有几个女生从路上走过，再有一阵风卷起脚下那片粉色的樱花，这情景便如电影画面般充满了色彩的张力。

除了樱花，学校里还种着桃花、茶花、桂花……中轴线东北面的德化园是学校里最美的园林，也是必游的景点。它由上下两个池塘组成，在校园里有“情人池”的称号，池间有石径贯通，还有十几块巨石散落在路边，高大的杉木、绿油油的草坪包围着池塘，其间还有白色的梨花和茶园点缀。石径上有廊、亭、拱桥等建筑，中国味十足。草棚长廊上垂下一簇簇紫藤，给草棚增添了一抹亮色。池塘的倒影最美妙，蓝天白云和乔木的剪影融为一体；南面的第二教学楼和石拱桥一起在水中“荡漾”；北面传统白族建筑的灰色与白色如同水墨画一样在水中晕开。如此这般美景，想来情人池边的情侣不会少。

三月街

千年赶一街

三月街，从地理位置上来说是一个地方，也就是苍山东坡山脚下正对着古城的一块地。从功能上说，它是大理最重要的赶集地，也是整个西南地区的一个节庆。三月街以一年一次超级赶集的形式联结了整个西南边陲。

平时的三月街是安静的。从古城的苍山门往对面瞧去便能看到宏伟的三月街牌坊矗立在一片车流之后，顺着牌坊下的坡道走上去，便能到达三月街的核心区域。三月街其实就

是山坡上的一块空地，若是没有赶集会显得有些荒凉。令人意外的是，元世祖征服大理的碑在三月街的中间被高高的围墙围住。

一旦遇上七天一次的赶集，三月街就变成了另一个模样。还没到核心区域，上坡路两边的店铺就已经热闹起来了。店铺里陈列着各种大理本地的手工艺品，竹藤的编织品、古朴的陶罐摆了一地，最吸引人的要数绣品。店家还现场画样，每个路过的白族妇女都要驻足观看，拿起漂亮的绣花图样就喜爱得不肯放下。再往里去，摊位一个接一个地串联着，形成一个露天集市。红色的遮阳篷下卖什么的都有，衣服、书籍、日用品是最多的，五彩缤纷的香料、新鲜艳丽的花卉、稀奇古怪的药材最能吸引外乡人。集市中间有一棵大青树，树下总有几个悠闲的老者，他们或坐或躺，聊天、抽烟、看书，好不自在。在大青树下可以看到三月街的全貌，场面壮观。

这只是三月街平时的小集，要是到了农历三月十五——著名的三月节期间，集市规模要翻好几倍。不仅是大理，西藏都有人来摆摊做生意，东南西北的货品汇聚于此。对于外来客来说，这是一场别开生面、大开眼界的盛会。从未见过的西南土特产能让你重新认识世界，亮丽的民族服饰能颠覆你的审美，高亢的歌声能唱三天三夜。东面跑马场里，尘土飞扬的赛马大会紧张刺激，一下就把人带进西部民族彪悍的马背文化中。

这就是千年一街——三月街，它是节日，更是一场盛会。

中和寺

见证苍山佛、道共存的时光

苍山上的索道从南到北有三条，在最北端的是中和索道。这个索道运行的是小型二人座椅式缆车，这种全暴露的小缆车视野更为通透，摇晃着，约莫 20 分钟就悠悠然地上了山。其间，你可以 360 度饱览苍山洱海。

缆车终点就是中和寺，这座苍山上的寺庙因坐落在中和峰下而得名。寺前有一个平台，

平台四周有长廊围绕，下了缆车人们可以在长廊里休息并眺望洱海。平台中间是一条通往寺庙的石阶。

中和寺大门很古朴，上面开了三个拱门，中间拱门供奉着弥勒，弥勒下还有一个神兽。这尊雕塑憨态可掬，看上去颇有漫画的风格，让人过目不忘。若从寺内看，大门是一个照壁，照壁中间还有一个牌坊，上有康熙的题字“滇云拱极”。牌坊里镶嵌的碑文叙述着康熙题字的事迹，由此可见中和寺在当时地位不一般。

寺内老建筑有两座，靠外的叫聚仙楼。聚仙楼高出入口平地一层楼，从两边踏着石阶才能上楼。它是四面出檐的二层木楼，楼正面悬着“中和寺”和“聚仙楼”两块牌匾，牌匾上挂着褪色的红绸带，牌匾下立柱上的红色纸质对联褪色、残破了，倒是斗拱上的雕刻、彩绘和木窗上的木雕还很漂亮。

聚仙楼其实只是个“过厅”，正面走出去便是正殿凌霄宝殿，也称玉皇阁。从聚仙楼走到凌霄宝殿要跨过两层石阶，中间隔着一块平地。寺庙依山势而建、逐渐抬升的态势显

而易见。凌霄宝殿看上去要比聚仙楼新很多，最值得注意的是殿里既供奉道教的玉皇大帝，也供奉佛教的观音菩萨。佛、道相融的文化在大理历史悠久。

凌霄宝殿和聚仙楼据说是清光绪年间重建后保留下来的，但根据中和寺旁管委会里的重修碑，在历史上中和寺的历史古迹和文化遗产遭彻底破坏，原址夷为平地，现在看到的寺庙是1975年当地村民出资出力，靠人背马驮造起来的。后来中和寺陆续扩建，增加了王母殿、释迦牟尼殿、财神殿。

尽管这里是近几十年才建起的庙宇，但仍旧不失古朴韵味。寺庙也没有因为旅游业的发展而过分商业化，难得地保留了传统寺庙的安详。当地村民常常来这里祈福，到了正月初九这里会举办祭祀玉皇大帝的“松花会”，届时庙里才有了不常见的热闹场面，大理远近乡镇的人们都会来这里朝拜。

尽管旧庙新建，几度损毁，佛、道一体的信仰却没有消失过。就在寺庙的一缕缕香烟中，你能感受到大理一代代传承的信仰力量从未中断过。

玉带路北段

悬崖上的风景

玉带路是苍山上重要的风景线，它是建在苍山半山腰上的步道，上有点苍白雪，下有洱海银涛。

从中和寺背后沿阶梯而上，不一会儿就会上到这个景观道。这里是玉带路的北段，游客相对少些，穿梭在被树林包围的步道，迂回曲折间领略苍山洱海更别有情调。

走在这条人烟稀少的小道上，心情是舒畅的。偶尔，人们会遇见外国情侣背着小包快步前进，也有年轻的登山爱好者来征服苍山，有时候还有桃溪谷里“修炼”的团队跋山涉水从反方向迎面走来。“下山的路不好找！”护林人就驻守在中和寺上方，他可以给你指方向，也会劝你别走太远。

其实从中和寺出发可以有两个方向：往南可以到洗马潭等玉带路南段景区（见玉带路南段）；往北可以到云游坊，下山就是桃溪谷，再往北可以到无为寺。

中和寺的玉带路最出名的是南面不远处的“双石门”。一块石头突兀地立在玉带路外侧，和内侧的苍山对峙着，中间留出一条缝儿，玉带路正好从缝儿中穿过。传说以前这块石头上还有清泉流出，形成更奇特的“石上流泉”，不过现在已经看不到这一景象了。观看双石门最好是穿过石门，再往南几百米，然后往回看。

看完双石门再折返往北，可领略最原生态的苍山。起先的道路是规整的青石板路，路边有护栏。路上高大的松树可以蔽日，松针常常铺满道路。四五月间，黄的、白的、红的杜鹃花点缀在绿色的树丛中，分外妖娆。

玉带路的步道紧贴着山体，山外便是大理的坝子，一块块田野间有大小城镇分布其中。靠左面有三塔耸立，金色屋顶的崇圣寺很醒目，再远处则是洱海。走到桃溪时有石亭和石桥可看，别看此处的桃溪只是涓涓细流从脚下流过，到了山下便形成了桃溪谷。

跨过了溪水，道路就荒芜起来，原先清晰的青石板路渐渐模糊起来。路上开始有了野草，外侧也没有了护栏，苍山顿时变得野性起来，而这悬崖上的“野路子”一直蜿蜒着。

若是胆大或经验丰富，或有当地人带领，可探索护林员所说的“难找的”下山路，那里有路可直通桃溪谷，再往前有路可通无为寺。苍山上的登山路径确实很多，然而横贯悬崖边的路径只此一条。站在悬崖上看到的风景总是有着逼人的气魄，只有走过了你才能知道苍山悬崖上的美。

三塔倒影公园

借来的风景

三塔倒影公园在崇圣寺南边 1 千米处，是一个非常小的公园。公园因潭水映下崇圣寺三塔而成为一景，现在它与崇圣寺被“捆绑销售”，倒也成了大理不愁客流的景点之一。

三塔倒影公园 20 世纪 80 年代才建起来。事实上公园并没有什么大玄机，只有一个椭圆形水潭居于中间，水潭也就一个足球场大小，想来变成景点之前也是苍山下可随意踏足的一个普通水潭。现如今，跨入公园大门先有白族高大的照壁“迎宾”，再往里走可以看

到灰白的石栏围着碧波荡漾的水潭，大理石凳子间隔地排列着。在潭水一侧建有碑亭，过碑亭，走曲廊可达深入水中的漾波亭。漾波亭往南有一个小岛礁，礁边塑有两只仙鹤，让公园有了些中国古典的意趣。走完这一圈也就十几分钟，游客在公园里可以做的事也就完成一大部分了。

剩下的事便是找个好位置看看三塔倒影。水潭四周种了许多树木，银桦、雪松高大挺拔，垂柳则在风中婀娜，树影下观景的惬意场所比比皆是。平时这个小公园不像崇圣寺那么多人，也让观景这件事变得优哉游哉。

三塔倒影的风景颇得苏式园林“借景”真传。这三塔本是崇圣寺的，水潭借光影把它纳入自己的碧波中，于是你可以把三塔、碧波、岛屿、小亭还有你自己都纳入一个画框中，而这在崇圣寺是绝对做不到的，正所谓山中不识山。

观景之际也要小心苍山上的风。风平浪静是最好的拍摄时机。如果是风季，风小些倒也宜人，如暖风醉人，也有吹皱倒影的乐趣。风大时能卷起水珠直扑过来，避之不及。不过，如果真要看尽大理的风花雪月，领略一下大风的惊人力量，也算是一种特别的体验吧。

听大理常住客说，这里最漂亮的时候还是晚上，皓月当空，三塔被灯光打亮，一同倒映在水潭中，堪称天上人间之景。

崇圣寺三塔

触摸大理的历史

你也许没去过崇圣寺，但你应该听说过它，起码你能从金庸的《天龙八部》里找到它。小说里的天龙寺据说就是崇圣寺，而历史上真正的段正淳就是在这里出家的。崇圣寺的历史地位远非一部小说能涵盖，它是大理的象征，更是大理千年脉络的见证者。

从南诏建国之初开始佛塔就在苍山脚下耸立，从某种角度这正是大理文明开始发迹的象征。从南诏到大理国，再到今天，上千年来，这个塔竟然一直屹立，始终跟着大理风雨前行。然而岁月没有饶过它脚下的寺庙，地震、大火曾将这个千年古刹毁灭，不过后人总

能在灾难后将它重建。

古老的佛塔和新建的寺庙就是今天的崇圣寺三塔，这里可以触摸到大理历史的脉络。重修的寺庙建筑变成了钢混结构，然而外貌依然呈现唐、宋、元、明、清历代建筑的风貌。斗拱门窗上到处是精美的红椿木雕刻，三种风格的彩绘则覆于栋梁之上。崇圣寺的五大重器又重见天日，其中雨铜观音和建极大钟的磅礴气势足以证实当年佛国的兴盛。

行走在各庙宇间，598 尊青铜佛像、法器接踵而至，其中 574 尊贴金的佛像，没有贴金的佛像中有 9 尊是大理国出家的皇帝。这里曾经是大理的佛教中心，无数故事就发生在这里。

在恢宏的新庙宇中，最显眼也最能触及人们心灵的还是三塔。毕竟那是真迹，是佛国的遗迹。在巨大的塔上，古老的纹饰依然清晰，千寻塔底座上的青砖还扎实地承托着宝塔。人们走上基座，会情不自禁地围着塔转。手指轻轻划过黄色的塔身，似乎能感觉到千年的佛音。也许某位大理皇帝也曾这样轻抚宝塔。宝塔前立着一座古朴简单的青砖照壁，它本来是无字的，后来云南省人民政府的“重修三塔记碑文”被印刻上去。大风时常从这里刮过，大到让人觉得能把塔吹走。人们躲到照壁下避风，抬头看着照壁，相对无言，又似乎有太多话语随着风在耳边划过。这风吹了千年，三塔也就承受了千年。三塔没变，但底下看塔、避风的人已经换了一代又一代，古老的佛国也已经更迭。

桃溪谷

苍山上的桃源

2016年三四月间，赵薇在苍山的桃溪谷拍戏，她让那个隐秘的桃溪谷再一次走入人们的视线。

桃溪谷是一条卧躺在苍山中的山谷，三塔倒影公园门口的山路通往这个隐秘的地方。据说苍山中有18条溪流，桃溪就是其中之一。山路上，阳光投射下的树影引领好奇的人们走向这个山谷，在山路的尽头便是半开发的桃溪谷景区。

与其说它是一个景区，不如说它是一条在山腰开发了住宿和餐饮服务的山谷。著名的莫催茶室就在这里。从别墅区开始，小溪就哗啦啦地流着。攀过光滑的石头，你可以自由穿梭在溪水、碎石之间。溪水清澈见底，光滑的卵石星罗棋布，一不小心你就可能滑倒在这山谷溪水中。不过不用担心，溪水不大，即便是雨季也顶多及膝。

在溪谷四周是安静的苍山丛林，山腰处有别墅、木屋伴在溪水旁。这里并不是热门景点，通常要靠本地人的指引外来的人们才能找到这个山谷，所以丛林里是安静的。清脆的鸟叫、虫鸣和哗哗的水声就成了“天籁之音”，此外便是回荡在山谷中游客的欢声笑语了。

九曲十八弯的溪谷是一条极好的徒步路线。从山腰处可以抵达桃溪源头，那里有一条银白的瀑布迎接你。瀑布下方有清冽的潭水，若是气温够高，会有大胆的人在潭水中享受清凉。

除了登山探索，在山腰的茶园里采茶、喝茶也是人们热衷的活动。在茶香中背靠苍山，迎面享受洱海的辽阔是何等惬意。

当上海来的母女享受茶园的悠闲时光时，一群包着头巾、穿着复古麻衣的女士从她们眼前经过，她们游走在茶园和美丽的客栈之间，是来此修行的人。桃溪谷中开展着各种“清修”课程。人们抛开城市万物，在山中寻求安宁，在桃溪里升华自己的境界。就在修行者走过的老房子中，有一间是以前知青的居所。当年在这山谷里劳动的城市青年，早已返回向往已久的大都市。

莫催茶室

苍洱茶园你莫催

位于桃溪谷入口处的莫催茶室是一个“明星”店铺。本地人都会向你推荐莫催茶室，似乎只有在那里才能真正领略苍山洱海的美。

这是一个嵌在苍山中的僻静茶室。沿着桃溪谷的步道，爬一小段坡道便能看到一片广阔的茶园。茶园边上的莫催茶室像一座小城堡一样，茶室里，面朝茶园的地方都是落地窗，窗边是简约的实木桌椅，看上去自然而舒适。坐在桌边，窗外是一片绿油油的茶园，茶园里有家长正带着孩子游玩，还有时髦的姑娘在拍照。转过头来，店里还有两张长桌，上面

满是中式的茶具，墙上也不乏优雅的瓷器，它们被装在多宝格中用作装饰。中国的茶文化氛围在店里相当浓重。

从边门走出便是茶室的室外露天座位。这个区域用木板铺地，触感舒适。视野里近处是茶园，远处是洱海，天际处是白云和绵延的山体。中间的大树开出一大片树荫，树下的摇椅摇着，秋千椅慢悠悠地晃着。一位母亲带着孩子喝着茶，吃着蛋糕，数着天上的云朵，说着童话故事。

露天区域的一面墙上贴满了人们在这里采茶、制作普洱的照片。眼前的茶园也是莫催茶室的，许多人来这片茶园采茶，采茶活动的最后，可以带一套包装精美的普洱茶回家。

莫催茶室之上是另一家客栈，这里又有另外一番情趣。踩着台阶往上走，一个漂亮的小池塘会出现在眼前。池塘里有一艘木船，木船上插着鲜花。池塘边上开满了鲜花，和对岸的黑瓦石屋一起倒映在水中。踩着池塘边的石头走到客栈前的空地，眼前是一排石屋。石屋分上下两层，底层有骑楼一样的外廊设计，外廊上放着巨大的沙发椅，可以坐、可以躺，对面就是池塘美景和桃溪谷的群山。

另一侧石屋是一家餐吧。坐在落地窗的位置正好可以看见莫催茶室和他家的茶园。许多人都喜欢这个位置，靠在窗台上看着洱海的蓝天白云，看着采茶的人，看着古堡般的石屋，时间就好像静止了。难怪这里叫“莫催”，在这里谁都想逗留久一些。

无为寺

古刹里看洋人练武术

大理资深玩家向咨询者透露了一个有趣的信息，苍山的一个佛教寺庙会教外国人练武，听者顿时很感兴趣，这个寺庙就是无为寺。

去无为寺要经过盘山公路。在青色的山路上行驶十几分钟后，一个开阔的停车场出现在眼前，停车场边上就是传说中的无为寺。关于无为寺的历史有两种说法。一种说法是它建于唐时，由南诏国国主所建；另一种说法是它建于明朝永乐年间。现在人们更倾向于建

于南诏时期的说法。有人还说它是当时的皇家寺院，大理段氏多位皇帝在这里出家。无为寺有众多传说：点苍武学在这里流传；唐僧在这里晒经；忽必烈种下忏悔的杉树；庙里的泉水可治病，留下“救疫泉”的美名……

时过境迁，无为寺这座曾经的“皇家寺院”已无恢宏的皇家气派，显得幽静、低调。无为寺的庙宇都是近几十年重建的，只有一口铜钟还发着和明朝时一样的声响。寺庙门口有一汪清泉流出，附近村民常来这里接水，不知道它是不是传说中的救疫泉。山门的对面还有一株高大的古杉树，树的底部有一个巨大的黑色树洞，据说是村民放羊时烧火造成的。虽然烧得墨黑，老树倒也安然地活着。

庙门是早些年重修的，已经有了些沧桑的质感。两位金刚、两尊石狮守护着它。庙的面积并不大，比起崇圣寺来它堪称“迷你”。不过，这座寺庙和苍山融为一体，人们可以

穿梭树林，探索它的庙宇。高高的药师殿在花园的背后，清秀的照壁依偎着池塘，山径石阶边有亭子躲藏在树下，开阔的草坪是武僧练功的操场——游览寺庙就是游览苍山。

寺庙第一进有一间房子如教室一样摆满了课桌，黑板上还画着有趣的漫画。这里是寺院教授汉语的地方。众多外国人不远万里来这里拜师，就为了学一样东西——功夫。

无为寺是几十年前净空法师到来后才逐渐重建起来的。这位净空法师据说出自少林，有少林的武学底子。20 多年前一位以色列游客被净空法师的功夫吸引，掀开了“老外”拜师学武的序幕。此后，近 90 个国家的 3 万多人曾在这里学武。每天清晨，阳光刚照亮无为寺，金发碧眼的“学生”们就伴着古老的钟声，顶着石头就出门了。山路上留下了他们轻盈的身影。休息片刻后，他们又会在丛林的操场上练拳脚，耍刀枪。

苍山南线

苍山的白雪顶下，云雾围绕着山峰游走。积雪融化了，化成一条条溪流投奔洱海，溪流所到之处滋润出一个坝子，成就了大理。背对古城、洱海，爬上苍山之巅，才能找到苍山的源头。

闲云雅居
一塔路
文献路
洪武路
山水间
玉带路南段
西景线
大丽线
苍山
洱海
观音塘
寂照庵
清碧溪
感通寺
法真寺
南诏德化碑
洋老婆西餐厅
佛图寺塔

南诏佛国山水间

在苍山之南，苍山化身大理的文化宝库，将寺院、古迹收入囊中。你需要找寻一条条上山的小径，每一条都可能有意外的收获和惊喜。佛图寺塔静静地矗立在苍山上，注视着这片土地的变化，也开启了这段文化苦旅。

再往北些，南诏德化碑用沧桑的身躯诉说另一个古城的失落。那里是现代古城的基石，我们却几乎失去了对它的所有记忆。幸而法真寺、观音塘、感通寺、寂照庵在苍山南边起起落落，勾勒出大理历史的起起伏伏。它们不仅关乎佛国沉浮，也是大理兴衰的写照。

在庵庙之间，苍山上的溪水汩汩地流过，清澈池塘之上是蜿蜒曲折的玉带。你可以期待有云雾缭绕，能让你体验苍山云游的仙境。每一条小路都充满惊喜，一个多样的苍山在等你去发现。这种原始的生态蔓延到山下，甚至保持到别墅区。别墅区吸引着游客，也让艺术家心动。当三月的樱花变成粉红色，这里便是天堂。艺术家们结庐于此，更为天堂添上天籁。

听啊，妙音正从苍山南飘来。

佛图寺塔

被城市逼近的佛塔

佛图寺塔像苍山上众多佛教遗迹一样并不出名。其实它和崇圣寺三塔属于同一历史时期，只不过它并没有大张旗鼓地重建，而是安静地躲在苍山村庄的背后。

无论使用何种交通工具前往佛图寺塔，最后总要先到阳平村。这个建在山坡上的小村庄有着横平竖直的布局。在平台上，两棵巨大的野青树撑开遮天蔽日的树荫，树下的青石桌椅成为村里人最爱的聚会、休息场所，背后有古老的白族门楼夹在新建的楼房中。去佛

图寺塔的游客并不多，每一个游客都会稍稍打破这里常规的平静氛围。当你询问佛寺的位置时，闲坐的大爷、大妈会热情地指点你。

在铺着瓷砖的居民楼前，这座宝塔显得更与众不同了。远远望去，佛塔有着和崇圣寺三塔极其相似的外貌。奶黄色的建筑矗立在村子里，塔底下有石头砌成的基座。基座上的塔身先是笔直向上，从第二层开始逐渐内收，形成美妙的弧线。塔顶上金属质地的塔刹在阳光下闪着金光，塔身表面没有多余的装饰——光洁干净。塔底下本有大门，塔中间也是空心的，可以上下，但现在已经封闭。

这座塔虽然不如崇圣寺三塔那么气势逼人，却也是大理历史的见证者。在 1981 年重修这座塔时，人们意外发现了观音造像和元代经卷等文物。关于这座塔，当地流传着著名的白族英雄段赤城舍身斩蟒的故事。相传洱海里有巨蟒出没，吞食人畜，一个叫段赤城的青年舍身进入蟒蛇腹中杀死巨蟒，为民除害。人们为了纪念这位舍己救人的英雄，把蟒蛇的尸骨烧成了灰烬，散在段赤城的墓冢上，并建塔以纪念他。所以在当地，很长一段时间里这座塔一直被称作蛇骨塔。

塔的身后还有佛图寺，它虽然是个小庙，却有非常精美的佛像，庙宇里更是种满花草，是一个十足的花园庙宇。寺庙平时非常幽静，偶尔会有和尚在庙里走动，也有村民赶来烧香。

洋老婆西餐厅

洋老婆的意大利菜

洱海边有没有爱情？去了这家餐厅或许你就有答案了。

在下关新四中往洱海方向走你会看到许多餐厅。洋老婆西餐厅和周围一众餐厅不同，就像意外生存在它们中间一样。

洋老婆西餐厅红色的围墙和大大的落地窗在树荫下很醒目，远远地就能看到它硕大的招牌。餐厅有上下两层，美式风格浓郁。餐厅的墙壁被刷成绿色、白色、蓝色、棕色四种

颜色，冷暖色块在视线里不断碰撞。墙上还写着关于美食的英语，例如“有美食的地方就是家”“饥饿是最好的调味料”等。

最有趣的装饰是在底楼的一面绿色墙壁上，墙上密密麻麻写了一大段英语，讲述的就是洋老婆的故事。洋老婆来自美国，而男主人则是当地人。他们在参加教会的公益工作中相识，随后发生的就是一段浪漫的跨国爱情，现在他们已经成为夫妻。洋老婆是个爱美食的人，也能做一手地道的好菜。她想把美食分享给大家，夫妻俩就租下了这个美妙的地方，开启了他们经营餐厅的生涯。

洋老婆希望用最好的食材和最亲切的服务，给人带去像家一样的感觉。洋老婆虽然是美国人，但是擅长意大利菜，从薄饼到甜点、咖啡，再到红酒、牛排，一整套意式美食在这里都能找到。这里的牛排新鲜、质量上乘，相当一部分从美国进口，分量也足。一份美国进口的牛排套餐可以供两人食用。牛排足足有七两重，厚厚的牛排上桌时油光锃亮、纹理清晰，咬上去肉汁饱满，肉的香气从齿缝中逸出。配餐里的沙拉也足够两个人食用，搭配的两块白面包更是口感一流，就好像是刚从佛罗伦萨的面包店里取出来的。这里的咖啡也很地道，继承了意式咖啡的精华，以至于美国来的游客都称赞这里是大理最好的意大利餐厅：“要吃地地道道的西餐，洋老婆有。哦！对了，这里的咖啡也是大理最好的！”

南诏德化碑

残破石碑上的南诏古国

在苍山南部，南诏德化碑是一个重量级景点。目前它被开发成了太和城遗址公园。

南诏是大理一个重要的历史时期，它是大理历史上第一个稳固、统一的政权。当时盛极一时的南诏国疆域甚至可以远及四川，整个大理的政治、文化、经济都有飞跃性发展。南诏国的国都一度是太和城，而当时的太和城也是一代名城。今天在洱海边你还能找到太

和村，相传那里就是太和城所在的位置。不过，时间毕竟过去了太久，太和城留下的遗迹已经不多了。

现在太和城为数不多的遗迹中最重要的就是南诏德化碑。德化碑是天宝战争期间的产物，碑文主要讲述的是当时南诏国主阁逻凤的文韬武略以及天宝战争的事情。因为碑文写得气势雄大、才情超绝，所以被誉为“云南第一碑”。

德化碑并不在太和村里，而是在村子西北面的苍山山坡上。据史料记载，它当初是立在太和城中的，由此可见太和城有相当一部分建在山坡上。今天的太和城遗址公园也同样在这片山坡上。公园并不大，刚一踏入像是进入了苗圃，草木丰盛，花卉争艳，有一排马首人像站立着，显示了一些南诏的气息。公园里的主干道一头通往德化碑，另一头出公园向北延伸，是苍山上茶马古道的一部分。路边有一些凉亭、回廊，其中一个凉亭是表演洞经古乐的场所，但因为游客稀少，通常只有神龛贡品在亭子里“孤坐”。沿着公园里的茶马古道一直往北走可到达一片红豆杉林。不过，这里并无太大乐趣，除非是红豆季节。所以大部分人还是会走相反方向，去往德化碑。

南诏的历史、政治、军事、文化都刻在这块残破的石碑上。经过历史的大浪淘沙，南诏留下的痕迹实在太少了，错过了它也许就错过了大理最辉煌的几百年历史。

法真寺

小而美的清修之境

偌大的苍山上总有一些不为人熟知却照样摄人心魄的地方，法真寺就是这种地方。

南诏德化碑往北的苍山上有一个叫凤阳邑的小村庄，村里有条小径直直通往山上。这条小径的尽头是满目的绿色树林，法真寺就藏在这片绿色中。

法真寺是苍山上的古刹之一，没有其他寺庙那样的名气，反倒成就了它孤芳自赏般的小而美。去过的人无一不被它秀丽的外表和平静的气氛所倾倒。如果要在苍山上清修，这里再合适不过了。

法真寺初建于唐朝，也就是大理的南诏国时代，是大理最早期的寺庙之一。有一些说法认为它也是当时大理地区的国家级寺庙，而且建造者就是南诏国的第二代国主。从地理位置来看，它应该就在南诏太和城边上，所以享有非常高的宗教地位也合情合理。不过，现在你踏足法真寺时，它不过是大理最安静的寺庙之一，与世上的纷扰毫无关联。

跨进大门是寺庙的第一进。第一进极其狭长，跨过一个石阶就是第二进大院。石阶旁条石垒起的花台古朴自然，上面的盆栽长势喜人。

第二进大院是个四合院。院子里有古朴的青石铺地，正面是大雄宝殿，两侧是厢房。大雄宝殿回廊里左边是鼓，右边是钟，在狭小的空间里寺庙的架构一目了然。寺庙里花草颇盛，古茶花已经开了几百年，几十米高的白兰花叶子常绿，苍山杜鹃也有些年头了。最多的是兰花，清清爽爽地点缀在庙宇四处。

庙宇东边筑有造型独特的照壁，上面画了《二十四孝》图并配有文字，厢房的墙上留着民国年间的题词“拥护万民”。古色古香的建筑和各种细节都透露着古庙厚重的历史。寺庙旁有一汪清泉流出，泉水可直接饮用，附近村民常来这里接水。

大雄宝殿前的空地上除了花草还放着造型时髦的桌椅和大型摇椅，人们随时可以坐下休息、喝茶。这里不是热门景点，两三天才能见到访客。寺庙里只有一个姑娘在打理，有两条狗陪着她。运气好的话会遇上这里的住持，他会和你讲讲佛法。

观音塘

巨石上的观音信仰

在大理古城的南面，214 国道边上，三层金色琉璃瓦屋顶和两座高高矗立的佛塔是除崇圣寺之外最吸引路人注意的建筑。那是观音塘，是大理重要的佛教地标，大理市佛教协会的所在地。

观音是大理白族重要的宗教信仰，甚至有些独立于佛教，有浓重的“本主”化信仰的特点。观音塘可以说是观音崇拜文化的集中体现。它最初建于明朝，主要建筑是观音阁，

到了清朝逐步发展成集戏台、门楼、殿宇、亭阁于一体的建筑群，而其功能更超越宗教成为当地重要的集会、交易场所。但在随后的岁月里，观音塘逐渐没落。20 世纪 80 年代重修后，观音塘香火才又兴盛起来。

今天，在国道上看到的富丽堂皇的建筑都是 20 世纪 80 年代重建的。走进这座恢宏的建筑还是能十分真切地感受到观音在当地至高的地位。

观音塘的大门很气派，门前是一个大广场，白天是商贩的天下，晚上是周围居民跳广场舞的场所。广场之上三层宽阔的石阶通向观音塘的山门，山门结构繁复，居中的是三层金色琉璃瓦屋檐的大门，大门五开间，门上有匾额数块，其中一块更有豪言“妙香故国第一寺”。大门两侧还各设一块照壁式样的围墙，墙上有两层琉璃瓦屋檐。照壁围墙后高高的佛塔直冲天际。

跨过大门，观音塘的第一进院落非常宽广，在公路上看到的佛塔就矗立在这里。佛塔边有观音坐的两尊白象，塔下还有数座舍利塔环绕。院内有水池，一尊观音像立在中间，

宝瓶里不断流出水来。这一进院落中亭子特别多，都是琉璃瓦双檐，彩绘也丰富饱满，颇有些皇家气派。庭院最深处是传统白族建筑和现代落地玻璃窗结合的送子观音殿。

送子观音殿前有一个农妇模样的白族雕塑，她头上勒着绳子，背上背着一块巨石。这雕塑出自当地广为流传的观音“负石阻兵”的传说。相传当年有士兵前来滋扰大理，看见农妇背巨石而行，以为此地人人都天生具有神力，就撤退了。传说这个农妇是观音幻化的，大理人为了感恩方才在此地造了观音塘，观音也成了大理人心目中慈爱、正义、纯洁的象征。

观音塘本是下关至上关间的十塘之一，交通便利，香火兴旺。时至今日，它已经不单纯是座寺庙，在观音会时这里是集宗教信仰、文化交流、贸易往来于一体的场所。

感通寺

寺不在大，有人则名

在大批游客蜂拥到感通索道，忙着上山时，如果他们在附近仔细打量一下的话，就不难发现在另一边山林的绿荫中有座山门。那就是著名的感通寺的入口。

和索道忙碌的情形不同，感通寺的门口没有喧嚣，一片树林撑起绿荫，简单的山门标记着此地属于感通寺。山门是砖石结构的，是一个三开间的牌坊，但远不及苍山公园的牌

坊“阔气”。山门边有一个木亭，木亭的飞檐上琉璃瓦的颜色有些暗淡，木柱子上的油漆都已经掉得差不多了。木亭的梁上传统彩绘图案还依稀可辨，天花板上盘着的龙更是活灵活现。沧桑的木亭应该有些年头了，人们喜欢坐在那里休息。

从山门到感通寺还要走一小段山路，山路上舍利塔掩于绿丛之中，显得隐秘而庄严。穿过绿野里的石径，感通寺就在眼前。庙宇真正的大门更加“小气”，完全没有名寺气派。因山势所迫，大门是侧开的。走进去，要右转才能面向大雄宝殿。和大门一样，寺庙规模小巧。正面围墙是一个照壁，上书六字大明咒。照壁往里，庙宇被石阶分成了两层，第一层两棵参天大树气势十足，大树背后是一个石栏围住的半圆水池，水池壁上有个兽首，嘴里终年喷着泉水。水池墙壁上还有一幅画，讲的是感通寺“马嘶花放”的传说。传说明朝

时，感通寺住持无极大法师去觐见朱元璋，带去一匹白马和一株茶树。见到朱元璋时正好白马嘶鸣，茶树开花。朱元璋视其为吉兆，给无极赐名、加官。回感通寺后，人们特意在迎接无极的地方建了班山（白族语“寺庙”的意思，位置在现在山门的山下）。

这个池子之上是正殿所在的院落，院子空地上有两个花坛，一个种着茶树，一个废弃后插上了高香。正殿大雄宝殿有金色琉璃瓦屋顶，窗户、门上都是金漆的精美木雕，大门上金色锦缎迎风飘扬。殿外有解签的地方，一道道签文排列在多宝格里。

感通寺虽小，却因人而出名。这里不像山脚下的寺庙既开阔又交通便利。清幽的环境、无人打扰的安逸，反倒满足了隐居文人追求清静的心理需求。这让人不由感叹，寺不在大，有人则名。

寂照庵

花园庵堂喝杯茶

在寂照庵的厢房里，已在大理住了多年的张先生正招呼远道而来的客人喝茶，这里是他最愿意带朋友来的地方。他说，寂照庵既有寺院的清静，又有特别灵动的风景，是最适合朋友相会的地方。寂照庵这个曾经安静的寺院，被新来的住持精心设计和打理后，已经成了大理远近闻名的美丽“茶室”。这个花园庵堂正成为大理最热门的去处。

寂照庵其实是感通寺的一部分，就坐落在感通寺山门不远处。它本是明朝初建的尼姑庵，民国曾重修，据说是当时滇系军阀首领唐继尧主持重建的，今天山门上寂照庵的匾额

也是他题的。我们现在看到的寂照庵则是最近重建的。寺庙躲在一片松柏之中，大门前一排兰花引路。重檐大门彩绘丰富，艳丽妖娆，唐继尧的字还在门上。庙堂并不大，大殿塑西方三圣，左厢为客堂，右厢为祖师堂，后院有新修的斋堂。

这个庵院一眼就能看尽，里面的景致却让人目不暇接。回廊上垂下一盆又一盆五颜六色的花，地上几乎所有空地都被花盆占据，露天的木桌上也排列着花卉，墙壁上、木桩里、门廊下……所有空间都是花的天下。这里每一束鲜花都娇艳，每一盆多肉都饱满。毫无疑问，住持在重修寂照庵时，把这里变成了美丽的庵院花园。一丛丛、一束束、一片片、一盆盆，红的、紫的、蓝的、绿的……庵院更像一个苗圃。住持似乎也特别有美学天赋，即便是最简单的器物，经她设计都能与花卉搭配变成美妙的装饰，随意摆放的花卉都透露着一丝精致。这让庵院多了女性特有的婉约与雅致。在这里闲庭信步或小坐休息无疑都是一种享受。

更令人惊艳的是有一间厢房被辟为茶室。这间屋子与众不同，看上去像是大石块垒砌而成，大大的落地窗极具现代风格，与庵院里其他传统建筑形成鲜明对比。室内的装潢更加有特色：长长的原木桌子、石垒的椅子和纹理清晰的砖墙，有欧美乡村风格的感觉。最意外的是房里还有壁炉，壁炉的烟囱用乌瓦装饰。瓦片的弧形通过叠加、交错创造出别致的花纹。门口还放着一艘木船，昔日在洱海里畅行的交通工具此刻变成了盛满花卉的装饰艺术。国画和书法是墙上的主要装饰，透过它们你能感受到些许中国庵院的气息。

清碧溪

三潭溪水下苍山

大理人常说，苍山十八溪数清碧溪最美，于是很多人认为，没有赏过清碧溪，就等于没来过苍山。

山下有许多登山爱好者，空闲时就会一早登上苍山去清碧溪看水。他们都会从感通寺出发，沿着青翠的山径爬上去。这是美丽而又充满野趣的一条路，一路上你会遇见淳朴的波罗寺、摇晃的铁索桥、漂亮的木亭、浅浅的溪水，还有丰富多样的植物。然而你并不会寂寞，因为完全可能遇上远道而来的登山爱好者、踏青的大理本地人、公路上的单车骑行者。

如果对线路不熟悉，可以选择坐缆车上到清碧溪。感通索道的缆车直通清碧溪，坐在封闭的缆车里又是另一番景象。绿色的植被在脚下绵延，登山者喜爱的小径像细绳一样在山中蜿蜒。远处的田野和洱海连成一片，古城的屋顶在它们中间泛起一片灰白色。不一会儿，清碧溪就浮现在眼前。先是硕大的“珍珑棋局”出现在山巅，从棋局出发，沿山径可以顺山势而上，清碧溪就一层层、一潭潭地展现在人们眼前。

清碧溪的绝妙之处是水。从底下望上去，陡峭的山峰间露出缝隙，一条玉带从山间倾泻而下。山体自然形成三个阶梯，三个阶梯上分别形成三个潭。若是爬到顶端可以清晰地看到三潭水一层叠着一层，碧波青翠。下潭水清如玉，水中鹅卵石粒粒可数；中潭和上潭悬于陡崖之中，飞瀑依次从岩上跃下，如飞花点翠。最有趣的是三个潭的潭水颜色逐渐变化：下潭水光呈深青色，中潭水光呈鸦碧色，上潭水光呈鹦绿色。

如果仔细看，潭水之上、崖壁之间还有摩崖石刻。石刻共五处，四处刻于清朝，一处刻于明朝，大部分都是用来求雨的。最显眼的是三潭左侧崖壁上的“禹穴”明朝石刻，鲜红的楷体字饱满、圆润。

清碧溪形成的山谷也叫苍山大峡谷。起先有石阶路通向这条山谷，但走不了多久就有提示：未开放区域，禁止入内。若是大胆往里继续探索，石阶路走尽之后完全是原始的土路。土路基本伴着溪水而上，最终可到达山顶。这里生态面貌几乎没有遭到破坏，溪水周围满是山花。

徐悲鸿到清碧溪曾叹道：“乞食妙香国，销魂清碧溪。”不知道令他销魂的是变色三潭，还是山谷中的人间仙境。也许每个探索过这里的人，都被婀娜的清碧溪勾去了几次魂魄吧。

玉带路南段

云游苍山

从感通索道往上寻觅，穿过漂亮的园林和古典的茶室，一条长长的石板路就躺在翠绿的苍山中。这是苍山的玉带路，是蔓延在苍山山腰上的路。在苍山脚下开客栈的阿勇每周都会带着自家的狗上玉带路走一遭。他不坐缆车，全程徒步爬上苍山。“只有到了这里你才能真正进入苍山的怀抱。”他说，“如果你想真正领略苍山的美，必定要在这里走上一遭。”

当你踏上玉带路，景点里的旅游团就已经被你抛在身后，这个需要攀缘的地方将只愿坐缆车的游客“淘汰出局”。为了奖励你的辛勤，苍山会献出它的所有来招待你。

夏天湿气从山下蒸腾着跑到了苍山边，它们化作云雾笼罩着苍山。云带路正好在其间，于是走在这条路上就变得似在云烟缭绕的仙境中曲折前行。大家又给它起了一个响亮的名字“云游路”。

玉带路串联起了苍山，从清碧溪到中和寺有10.5千米，这正是南段的总长度。你将一一浏览这条带子上中和寺、凤眼洞、龙眼洞、七龙女池、清碧溪、感通寺的风情，再也没有比这更好地亲近苍山的方式了。

这段玉带路是用规则的石板铺成的小径，崖边都有护栏。两三人并排走正好，多几个人就有些挤。在这条路上漫步，没有人会急着走，因为步步都是风景，谁都不想错过。遒劲的云南松在路旁做你最坚定的伙伴，深棕色的松塔掉在地上，点缀着石板路。若是春天，苍山上的杜鹃花就一丛一丛地冲到你面前。有时前夜来了风雨，那路上必定是落英缤纷。其实苍山是天然的植物园，无数不知名的花草树木构成了苍山高覆盖率的植被，它们宛若一块硕大的绿色地毯铺在苍山之上。行走在玉带路上，这些花草新鲜的气味和宜人的颜色令人陶醉。

苍山上还有很多鸟类。这些躲在林子里的鸟总是冷不丁地出现，你还在惊讶之际它们却已经消失在绿林中。你摸得着、看得到的，是山涧流下的溪水与山巅隐藏的山洞。溪水清冽，水底的卵石都分明可见。若是溪水浅，更能踏在石头上享受溪水的清爽。探洞则更费力，有些路段已经被废弃，要花些气力，经历刺激的旅程才能到达。然而这种探险无疑是山野中最让人神往的事之一，让人仿佛又回到了天不怕地不怕的少年时代。

一片山、一汪水、一个洞、一束花，玉带路上如诗如画，你可以驻足看近处的苍山风景，也可以踮脚眺望远处的洱海桑田，更可以举起相机按下快门，或面对大山大吼一声……这里是久违了的大自然，是你放飞自己、回归田野的地方。

山水间

结庐山水间

大理的春天樱花盛放，人们按捺不住，四处寻找看花的地方。最近几年，山水间这个苍山脚下的别墅区出人意料地成为大理最新、最受欢迎的赏樱地。

山水间的风景足以打动每一个路过的人。山水间是大理这几年才开发出来的别墅区，它背靠苍山，面向洱海，不用春暖就已经花开，距离古城也不过几千米。这里大部分房子是联排别墅，也有小部分公寓楼。仅仅几年，山水间的房价就翻了三番。

山水间像园林一样，它的特色是花海和溪流，这种设计充分体现了生态建筑的哲学。把苍山的水引入社区，把大理的文化点缀在每个细节之上。里面的建筑实际上是现代建筑，但每个人走进去都恍如走进了白族的古典园林。

精妙的设计和美丽的风景比比皆是。山水间的大门是复古的牌坊，牌坊背后就是一座古朴的石拱桥。桥下池塘里叫不出名字的神兽雕像正注视着前方，嘴里吐着清泉。桥两旁的小金塔在阳光下散发着奇异的美。而跨过拱桥，走上台阶，居然是一个清澈的露天泳池，刚入春，孩子们就迫不及待地在水里玩闹起来。蓝色的池波中倒映着粉色，不知是哪位印象派大师造就了这光与景的美妙时光。

山水间的美景不只是樱花，即便没有成片的樱花，也有其他的花应季而开。在山水间游走，你体会到的是建筑与生态的自然融合，惊叹的是现代建筑上点睛的传统文化元素。

你可以看到玻璃幕墙下的徽派门楼，也可以走溪流之上屋檐重重的廊桥。

作为文艺重镇大理的知名居住社区，这里也吸引了大批定居大理的艺术家。实际上山水间在设计之初就被定位成“国际艺术家园区”。这里有专门的艺术岛区，旨在吸引大理的诗人、作家、音乐人等一众艺术家扎根。定居者中最有名的是周云蓬、杨一、欢庆，这三位定居大理的音乐人拥有一个有趣的音乐空间，用他们自己的话说，这里“能够抵达音乐和远方”。你可以把这个音乐空间看作茶室，也可以当作酒吧或你喜欢的书店，时间对了这里也可以是演出现场。周云蓬在这里陪你读诗，音乐家在你面前表演，艺术家给你讲述关于美的故事，野夫在这里排练话剧……以音乐为核心，用艺术来串联，你想要的这个空间都有。

从苍山的小溪走到别墅里的音乐空间，一切都很自然。这就是山水间。

闲云雅居

闲在山下

闲云雅居开在苍山脚下，与古城仅隔一条马路。像大部分客栈一样，它也是外地人开的。有趣的是，老板一个来自成都，一个来自杭州，他们因大理结缘，又因客栈相恋——闲云雅居已经是标准的夫妻店了。

闲云雅居是开了好些年的老店，位置不错，既方便去古城，又离苍山很近，打算去苍山的游客住这里很合适。像许多客栈一样，闲云雅居也遇到过经营的瓶颈。2016 年，老板终于忍不住对客栈进行了升级改造。

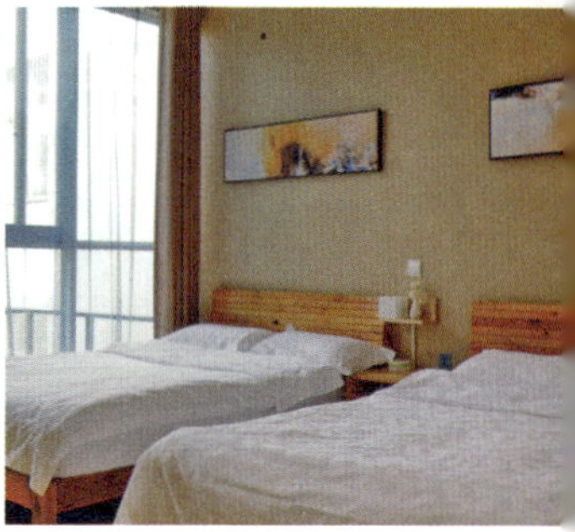

客栈的公共区域是改造的重点。原先简单的白族传统院子有了翻天覆地的变化，院子全铺上了木地板，最大的手笔是增添了水池，室外有了能够亲水的平台。池子里一棵野青树撑起一片绿意。池子边上一张中式茶几和木制的椅子让公共区域有了古典的意境，边上还有一片竹叶摇曳，禅意浓浓。

池子对着客厅的地方是一排落地窗，户外与室内在视觉上是互通的。客厅的公共空间很大，西式的壁炉、大大的沙发、长长的实木吧台让空间充满温馨的暖意，有点家的感觉。

十三和娜娜是这里的另外两个主人，它们是老板养的两条大狗。狗狗虽然是大型犬，但训练有素，乖巧可爱，反而成为很多人住在这里的理由之一。

老板说他们并不想要商业化的客栈，只是想像对朋友和家人一样对待前来住宿的客人。“让他们一来就融入大理，成为大理人，能自在地在这里生活，而不是旅游。”所以闲云雅居的公共空间特别多，设计也特别用心。住在这里的客人可以聚在一起喝茶、聊天，也能独自看书、发呆，就像一个地道的大理人一样自在地生活在苍山下。

才村

疯狂的音乐是打开才村的方式之一。在才村外，幽幽的绿草长得茂盛，音乐人们扛着家伙来到草地上。在周末，重金属的嘶吼、电音的光怪陆离、民谣的款款深情都能让人疯狂。这是大理人在才村的派对。

洱水祠
小溪私房菜
才村湿地公园
紫蜻蜓花园客栈才村集市
龙龛云渡
环海西路
洱海
022乡道
021乡道
大理线
月华路
小邑庄线
中和路
020乡道
景观大道
双鹤路
大理古城

用创意开发的海边村

就在音乐肆无忌惮地入侵才村时，白族人还在洱水神祠里口口相传着洱海巨蟒的传说。那些为了保佑一方平安的香火在洱海边上一直冉冉升起。洱海里的巨蟒也消失了，再也没有伤害过这片土地上的人。

平静、安宁的土地上兴起了新的集市，吸引着新大理人。门外是才村的老菜市场，门里是大理的创意市集。新旧交替就在一道门之间，你有你的创意，我有我的柴米油盐，两者和谐共处正是才村的特色。

促使才村真正兴起的是旅游热潮。洱海人司空见惯的湿地被修成了公园。沿海的房子都改成了客栈，而且价格不菲。许多才村人后悔自己当初不住在海边。才村人还不知道的是他们那个破旧的庙宇也足以让游人们惊喜。诵经的阿婆们唱着几百年不变的调子，但调子里讲述的这几年才村的变化却比此前几百年的都多。就连艺术大家都住到了破旧本主庙的对面，热闹的庙会让艺术家们兴奋。

当然，更大众的还是漂亮的洱海。大理 1969 因为 360 度的海景闻名，龙龛云渡因为电影成为传奇。其实它们都只是海边的一张桌子、一把椅子，都是可以安静坐下享受洱海美景的地方而已。不必太过激动，放慢节奏，才村的洱海边未必有爱情，但肯定有一处安静的地方，能让你坐下慢慢欣赏洱海。

洱水祠

消失的大理第一阁

从才村沿主路往北一直走，进入龙凤村后就能找到洱水祠。水泥路与海岸线平行，一路上可以看到一片海景客栈。路上也有木制的指示牌，指示着洱水祠的方向。在到达洱水祠之前，你会先看到一个福德祠，祠堂在狭窄的小巷子里，大门紧锁，大门外有一口用了上百年的水井，村民们至今还在用井水洗菜。

洗菜的村民准会告诉你洱水祠的方位，因为它可是当地非常出名的本主庙。它还有很多别名，例如洱海神祠、洱水神祠、龙王庙等。洱水祠的门口是一个篮球场，数辆私家车

停在那里。大门开间并不大，但白族韵味十足。双重的屋檐高高翘起，水墨彩绘一格格铺在墙壁上，木门和石壁上都有楹联。围墙曲折，而突起的部分有一个更高大的白族门楼。

洱水祠的内部结构并不复杂。两边是白色围墙，里面是厢房，正中间是祠的正殿。围墙边和院子里种着很多松柏，但没什么花，许多修剪下来的树枝堆放在围墙边。几个白族大妈在院子里走动，不知是护院还是前来祭拜的村民。院子中间有一个青砖筑起的香池，样子像一个阁，有亭阁一般的屋檐，底下还有基座。香池上四面都有拱券，有的被填平贴上碑文，有的镂空着用来烧香。

正中的正殿就是洱水祠。门口的回廊里堆着许多桌子，这些桌子可能是村里聚会用的，因为本主庙通常也是村里最主要的集会场所。在回廊中间有一个条石做的方桌，上面放着香炉，供着几杯青酒。

正殿一里一外有两块匾额，一块写着“洱水祠”，另一块写着“玉洱民天”。正殿大门的雕花非常精美，题材多以富有吉祥寓意的动物、植物为主。与汉地风格不同的是，雕花都涂上了彩色的油漆，颜色艳丽。此外，门廊的天花板、墙壁上也有繁复的图案出现。

村里的聚会以神祠为中心，村里的香火在这里点燃。每逢农历七月二十三，村里要在神祠给段龙王过生日。到了八月初八，耍海会更热闹。不仅本村，四方男女齐聚这里，或祈晴祷雨，或求福消灾，或祈嗣求禄，或放生还愿。当祠前著名的浩然阁“沉入洱海”，那些古老的信仰依旧活跃着。

小溪私房菜

本地人的改良主义

小溪私房菜在才村的小巷子里，好在不是很深，从主路走进去不一会儿就能找到。

小溪私房菜是一对本地夫妻开的，店铺是自己家的房子。其实自己下海做餐饮或客栈的本地人并不多，村民们更愿意直接把房子出租给外地人，所以本地人做的本地餐厅在大理反倒不出名，但这里却是品尝本地家常菜最好的地方。

餐厅门脸挺大，不过内部空间有些局促，只有四张桌子。夫妻俩一个主外，一个主内，

也就是丈夫在餐厅里接待、收银，妻子在厨房下厨。客人刚落座，老板便会送上瓜子和茶水，还会顺手递上菜单。

小溪私房菜以本地菜为主，但都做了适应游客口味的改良。“我们少盐、少油的。”连辣味都会收敛，老板说他们要做有态度的传统白族菜，而所谓“有态度”就从改良口味开始。老板通常会亲自给客人介绍菜，热情而又纯朴，有一说一，没有商人的狡猾。石锅鱼很受欢迎，因为用的是洱海里的鲫鱼。鱼都是新鲜现杀的，配合卷心菜在石锅里清炖，鱼肉鲜美，回味中还带有甘甜。石锅鱼的鱼汤呈奶白色，香气逼人。许多人甚至不吃鱼肉，只喝这鲜美的鱼汤。石榴花炒蛋也是应该尝试的特色。石榴花都是从本地采购的，经过腌制去掉了苦涩的口感。石榴花和蛋一起炒时还会放些午餐肉，简单质朴，但口感独特——脆脆的石榴花和柔和的鸡蛋混合在一起有了爽口的质感。

紫蜻蜓花园客栈才村集市

新大理人的新赶街

在云南，赶街是传统，远道而来定居大理的新大理人也继承了这种传统。古城的人们总是想方设法度过愉快的周末，所以赶街成了一种习惯。除了白族人传统的赶街，新大理人更开发了他们自己的“街”。有趣的创意集市成为大理的新活动。

在才村的 2 路车站旁，紫蜻蜓花园是一个出名的客栈。它有古朴的木制老楼，有草木丰盛的草坪花园，更有新大理人每周翘首以盼的集市。

它被本地人称为才村集市，通常每周末都在紫蜻蜓花园客栈的后花园举办。花园并不大，转一圈只要几分钟，中间大部分空间还被大草坪占据。人们就在围绕草坪的小路上摆上摊位，组成集市。这是一个有着奇妙创意的集市，有时候它会有一个鲜明的主题。比如“狗狗相亲”，届时大理众多的主人就会带着狗来这里“相亲”。狗狗交朋友的同时，主人就逛集市，当然主人也很容易交上新的朋友。

大部分摆摊的人是常住大理的新大理人，他们售卖的东西都有着自己独特的趣味。有时候会有森吉梅朵慈善学校来义卖衣服，款项都会捐给学校。

再往里走还会有新的发现。手冲咖啡、手工曲奇饼、客栈的鸡尾酒排在一起，吃吃喝喝总能吸引很多“吃货”停留。

藏在古城里的艺术家、匠人们也出动了。路边根雕艺人用脚踩着木头，手里两把刻刀翻飞，木屑四溅。“画家”打开颜料盒，现场制作水粉画明信片、书签，大理的风光在她笔下被鲜活呈现。

比起有手艺的，纯卖货的总要想点噱头才行。在大理“不虚度”的一群姑娘用以物换物的方式来吸引人的眼球。奇怪的妆容、嬉皮士的穿着，还有那些“大理的梦想”被打包起来一起营销。对于许多年轻人来说这非常有吸引力，哪怕只是很简单的东西都有人愿意交换。也许他们交换的是一个创意、一段回忆、一次旅行。

这就是才村集市，带着大理的风格——随性、创意、慵懒，不那么认真，却很懂生活。

才村湿地公园

浪漫的海边湿地

这是才村最像景点的景点，其实它是洱海边的一片湿地，芳草、树木和水域构成了这里的浪漫景色。

洱海边的湿地并不少，但这里是离古城最近的湿地，所以也是最热闹的一块湿地，每天都有不少人专程到这里来游览。湿地范围并不大，大约 30 分钟就能漫步完。袖珍的湖

泊夹在村庄和洱海之间。这块湿地开发建设得较早，已经有了同城市公园一样的基础设施。石板铺的小路在草地上蜿蜒，湖泊之上也有曲折的木栈道，人们喜欢在木栈道上穿梭湿地的水域。湖中的水生植物陪伴在蜿蜒的红色栈道边，观景台前浅浅的水里，莲叶平铺着挤在一起，到了夏天这里的莲花会成片开放。有时湿地里也有附近村民偷偷放羊，这些羊倒也不怕生，任由孩子们兴奋地拔草来喂。

湖边有一条石径包围着公园，有一部分石径还紧紧挨着洱海。这是许多人散步的地方。一边是绿意盎然的湿地，一边是波涛微兴的洱海，风景让人流连忘返。小径上三三两两摆着摊位，有卖首饰挂件之类小物件的，也有很多烧烤摊，这让旅行不会单调。游客们感兴趣就低头挑挑挂件，饿了就坐在洱海边吃点烧烤。凉亭或大树下都成了绝佳的休憩场所。

小径尽头散落着一片洱海礁石，这成了爱留影的女生们最乐意逗留的地方。穿得花枝招展，梳着五颜六色的辫子，她们攀上了露出水面的礁石。她们背后是苍茫的洱海和大山，游船慢慢漂过，北面是游艇成排的才村码头，南面是探入洱海的老房子，只要静静地坐在石头上就是一幅美景。

龙龛云渡

心花怒放的洱海之滨

如果看过《心花路放》，这段旅程会让你想起电影里的很多细节。实际上这段旅程最后到达的龙龛就是《心花路放》的重要取景地。先要经过的村庄有许多气派的门楼，显示了此地是富庶的村落，墙头伸出的蒿草、小树似乎在诉说村子悠久的历史。你还要穿过架在路上的传统楼阁，经过村子里香火不断的本主庙，有时村里还会传出洞经古乐。

真正的龙龛之旅应该是从龙龛古渡开始的。说是古渡，其实唯一的建筑是新修的白族照壁，至于古渡的历史恐怕就无法考证了。古渡是一个半岛一样深入洱海的长条形陆地，照壁立在最靠近洱海的地方。照壁两边各有一个圆拱门，门上分别写着“海月”“天境”。两个拱门向前探出，和照壁形成一个“八”字。在远处看码头，凸起的照壁独自深入洱海，颇有意境。

喜洲

喜洲，在更远的历史时期是一个叫『大厘城』的地方，但这已经遥远得很。老舍去喜洲时这里已经是繁华过后的古镇，老舍觉得它体面至极，其实是他寡闻了。要知道，在他到这里前，喜洲的商帮早已赫赫有名了。

海舌
洱海
大丽线
环海西路
环海西路
环海西路
环海西路
董仁民院
尹辅成院
九坛神庙
四方街食店
和尚喜洲破酥粑粑
正义门广场
严家大院
大界巷染衣巷老街
严家民居
033乡道
珂里庄线

商帮古镇的今与昔

茶马古道的繁荣让喜洲人走了出去，他们带着货品游走在西南乃至东南亚的贸易线上。一个个大家族在兴旺的贸易中崛起，有的甚至走向国际，办起了实业。时光推移，这些繁荣似乎一下定格在几十年前，大家族逐渐消失，只留下一栋栋沧桑的宅子，留下了“三坊一照壁”“四合五天井”。

人们仰视古老雕花和水墨画卷，从中探寻一些茶马兴亡的蛛丝马迹。那些古老的照壁上还立着大家族的四字家训，那些院落依旧让人惊艳。然而，老实说，游走其中再也找不到应有的超然傲气。平平淡淡的喜洲人过着平实的生活，春暖花开时，依旧忙碌在稻田里，秧苗下倒映的是喜洲的蓝天白云和大家族留下的古老门楼。

时光交错，喜洲体面的建筑早已斑驳模糊。商帮的后代趁着旅游业的兴盛，做起了生意，但已难有民国时期的气魄。一个小吃店、一个冷饮摊倒也落得轻松自在，反倒是美国人如鱼得水地买下好几栋老楼，开创出独特的喜洲客栈。

除了体面的建筑，跑远一些也有好风光。海舌无疑是自然、休闲与浪漫的。风儿吹起海舌的绿色，吹得薄纱飘起，也吹来了清新自然之风。一道阳光、一杯咖啡、一只上青天的白鹭，喜洲也有秀丽的风景。

正义门广场

小魁阁下的新广场

正义门——喜洲最古老的门楼，也是古镇西面的门户。近些年，喜洲古镇在旅游业的带动下迅速发展。正义门周边也建起了广场，广场外侧还平添了古色古香的水系园林，这里成了一个不错的去处。

正义门其实也是古镇的魁阁，是个两层的小门楼。宽阔的石板路从门楼下穿过，二楼挂着写着“正义门”的匾额。从门下穿过便真正进入喜洲古镇了。

正义门靠古镇一侧有显眼的楼梯通往楼上。几乎每天都有白族阿婆在这里爬上爬下，她们要到楼上的魁阁祈福、打扫，每次手里都会提一桶祭品。当你在门口遇见阿婆，她们多半会用口音浓重的普通话提醒你不能在楼上拍照，这里的人们认为拍照是对神灵的不敬。

和阿婆一样，你可以走上“陡峭”的楼梯，一个二层楼的神秘世界会在幽暗的光线里浮出来。魁阁是个狭小、局促的空间。“笔点文章，文光射斗”的魁星背靠着西面墙壁俯瞰古镇，不过通常“它”只能看到黑漆漆的四壁，因为平时四面木窗都紧闭，靠屋檐下一些缝隙才能透进点光。魁阁里很干净，应该天天有人打扫。贡台上祭品、礼器也都齐全，看来这一信仰在喜洲还是非常兴盛的。

打开魁阁木窗你可以看到古镇，整个正义门周围的情况更是一览无余。南面，一汪池水波澜不惊，亭台楼阁在池边点缀着。池水中还有一个孤岛，岛上长出一棵大树。池塘周围新建的白族房子和婀娜的垂柳构成一幅美丽的水墨画卷。东面深处是真正古老的镇子。近处，跨过老式石拱桥可以看到精美的古戏台，古戏台边上是门面开阔的十隍殿，十隍殿广场上是除正义门之外另一个值得拜访的古建筑。

古庙、楼阁、水池构成了正义门外复合型的风景，把古老的镇子装扮得趣味盎然。新修的大道、拱桥、亭台极力模拟着古老商镇应有的风貌，就在这些“新古迹”的边上，古老的信仰顽强地传承到现在。从某个角度看，这也是喜洲的缩影，古老的商业文化和民族传承犹在，新时期的时代潮流也已来到。

严家民居

商业潮下的喜洲民居

来自北京的徐先生和他的孩子在严家民居里体验了一把白族扎染，最后成功带走了一块自己制作的扎染手帕，这是严家民居最新推出的文化体验项目。

徐先生走出严家民居，和同行的朋友说："原来这就是严家大院，还有扎染可以玩，不错啊！"同行的朋友提醒他，这是严家民居不是严家大院。很多游客像徐先生一样，容易把严家民居和严家大院搞错，其实只要留意一下门口的牌匾就不会弄错了。

严家民居在古镇的西面，靠近国道。它的门口比较开阔，边上还开了一家洋气的咖啡馆。严家民居是一个收费的景点，而且是收费最高的一个。

严家民居规模很大，阔气的大门就足以说明这是大户人家。喜洲大部分的严姓人家都可以追认严子陵为远祖。从近代来说，这户人家传承自喜洲著名的巨商严子珍。现在的主人叫严学侯，因此人们又给这套深宅取了别名“侯庐”。

一进豪门深似海，这一点在严家民居似有体现。庭院很大，人们初入一般分不清方向。门口大院有池水湖景，相对独立的法式洋楼做了酒店，然而这只是开始。好在景区会分配一个白族姑娘做导游，白族姑娘对导游词倒背如流，结合建筑的各个细节，如抽丝剥茧一般详细地介绍这座深宅。“三坊一照壁”“四合五天井”“六合同春”“走马串角楼”，白族民居的关键词一一被揭开，那些老舍赞叹过的雕梁画栋穿过时光隧道来到你面前。再结合严家深厚的家世渊源，喜洲这个商镇的历史几乎浓缩在这深宅大院的一块块砖、一面面墙、一进进院、一间间房里。

你不妨自主游走在照壁下、天井里、角楼后，仔细看看门柱上的貔貅、斗拱上的神兽、木窗上的雕花、角楼门洞外的院子。在体验民居之余，三道茶的表演也很精彩。主人严学侯本身就是三道茶的传承人，这里的三道茶似乎也因此而更正宗了。一道苦、二道甜、三道回味——白族姑娘给你泡上茶，然后说说茶里的门道和故事，你喝过三巡之后她还会推销茶叶。除了茶叶，院子里还有银器销售。

许多人会反感，认为这里商业味太重。其实不买是绝对没问题的。喝着三道茶，你回味一下，这宅子之所以绮丽、庄严，不也是拜百年前的商业化所赐？若不富贾怎能广厦？

严家大院

喜洲的博物志

走在喜洲的大街小巷，时不时就有人询问严家大院怎么走。严家大院俨然成了喜洲的旅游地标。

其实严家大院并不难找，它就在古镇最核心的四方街上。翘起的檐角和硕大的博物馆招牌，应该是除牌坊之外最与众不同的存在。严家大院和严家民居有着类似的建筑风格，都是典型的白族“豪宅”，只不过严家大院是严子珍自己居住的房子，规模胜于严家民居。

严子珍毫无疑问是喜洲的标志性人物。喜洲商帮是茶马古道上众多商帮中的佼佼者，而严子珍可以说是喜洲商帮的头号人物，据说资产折合现在市价相当于五六十亿人民币。

巨商的家宅自然是不凡的。走过一进进院落，跨过一道道门槛，“一进两院”“三坊一照壁”“四合五天井”便铺陈开来。“一照两面”的走廊通着“四合五天井”，合两院来看正是“六合同春”。角楼窗户把细致的木结构分割成了几何图形，转角凸起的石壁和屋檐让宅子更加灵动，水缸里漂着娇艳的莲花，清秀的照壁和木坊也倒映在水里，构成一幅奇特的画面……

走过纵横交错的木楼，尽头居然还能看见欧式洋楼。这位下西洋的商帮领袖毫不避讳地展示了中西文化碰撞出的火花。在他的时代里，留声机和架子床是可以在同一屋檐下的。

五大院、十几坊的宅子现在还是博物馆。严家大院的官方名称是严家大院博物馆。从第一进开始，中轴线上的大房子都是展示厅，有时厢房也有文物展示。在古宅中按顺序游览，一部喜洲的博物志被打开了。马灯、石马诉说着马帮商业的兴衰，书法苍劲的匾额和山水画卷证明了除商业之外的文化底蕴，古朴的陶器、佛像提醒你这里的文明有着超乎想象的生命力。

老宅子里最后一件洞经古乐的乐器静静地躺着。茶马古道已经衰败，曾经的商帮仅剩历史上的繁荣，古老的宅子也不是祖传家宅了。只有古乐至今还在弹奏，将这一切画上了有声的句号。

九坛神庙

一庙九主——喜洲的本主信仰

九坛神庙是喜洲最有趣的本主庙，它以一庙能容九主而出名，也是读懂白族本主崇拜文化的重要地标。

神庙坐落在喜洲镇的一条主要街道上，在庙门口也郑重其事地开辟了一个广场。虽然是九主的大庙，但庙门并不阔气。尤其是在喜洲这么富庶的镇子，它的大门实在不够辉煌。走进去一看更会发现庙宇不大，完全没有九主的气势。主殿稍微气派些，但也没有彩绘、

金漆，相对镇上的大户人家显得朴素很多。主殿大门之上一块匾额写着“甘霖澎雨”，除了门上的木雕就没什么装饰了。大殿里面九位本主“济济一堂”，似乎有些挤，大殿的角落里还堆着高香、家具、锅碗瓢盆、麻袋、背篓、纸箱子等。

大殿之外的厢房更为破旧。塑料棚下，一位白族阿婆正在揉搓茶叶，一打听才知道是看护寺院的，闲来无事做点沱茶。她说，寺庙虽然不富丽堂皇，但香火一直不断，四月的求雨庙会更是镇上的头等大事。她指着大殿的匾说：“那就是九神的来历。”原来，传说当年求雨，九位本主都降临此地商量着请雨。求雨祭祀一番后，人们设宴款待九位本主神仙。这九位本主神仙都醉倒了，一醉到天亮，回不去了，只能留下。于是人们才把九位本主放在一起供奉。“甘霖澎雨”也就是当年求雨留下的。

直到今天，九位神仙还在庙宇里保佑当地风调雨顺。在大理本主求雨是一件常见的事情，但九主一庙确实比较少见，这也凸显了白族本主文化中多元、宽容的特点。

喜洲镇的九坛神庙因为有了九位本主而受到广泛崇拜，多元的本主特色也在这里得到了最好的体现。

和尚喜洲破酥粑粑

喜洲第一手信

喜洲什么东西最出名？喜洲粑粑认第二，恐怕没有东西敢排第一。这种喜洲特有的小吃，就是“吃货”眼中的喜洲，是来到喜洲最应该带的手信。

四方街上两家喜洲粑粑的店正对着牌坊，其中和尚喜洲破酥粑粑是当地人更推荐的一家。平时粑粑店里是生着炉子的，这种近似馅饼一类的食品传统上是现做现卖的，所以你可以看到粑粑制作的主要流程。其实粑粑是一种以小麦为原材料的点心，和做大饼有类似

的地方。其口味分咸的和甜的两种。咸的会加入葱花和椒盐，实际上就是椒盐葱花味。而甜的是放入了油渣、红糖、豆沙、白糖等，口味有点像豆沙月饼。

最有趣的是粑粑的烘烤过程。站在和尚喜洲破酥粑粑的店门前，你就能看到一个特别奇怪的炉子。炉子可以分成三层，都是平底圆锅的样子。其中上下两层里都放着炭火，中间一层放粑粑，利用上下两层的炭火可以让粑粑受热均匀。上层的炭火锅和中间层的粑粑可以随时移开，让受热完全可控。粑粑不是一次性烘烤成的，烘烤期间会反复翻转粑粑、给粑粑刷上香油。时不时地还会移开上层炭火，或再盖上上层炭火。“都是靠经验判断。”和尚喜洲破酥粑粑的师傅说，这个火候的掌握没有规定，全凭感觉和经验。

和尚喜洲破酥粑粑与另一家粑粑店铺占据着四方街非常显眼的位置，从工具、原材料到加工过程，再到出品几乎没什么差别，但观察下来还是和尚家的生意好一点。“和尚”其实是老板的绰号，他的店在四方街开了几十年，那么多年来一直是一甜一咸两种口味，其中咸味稍有突破，加入了肉、火腿等，其他从口味到流程都几乎没变过。

一个粑粑，“和尚”做了一辈子，他说把一件事做好了就很知足了。正是这种看似简单、无聊的重复工作，传承了喜洲最出名的手艺。无论今天的喜洲多么纷扰，明天你依然能看到那个烟气袅袅、香气四溢的和尚喜洲破酥粑粑店。

四方街食店

喜洲的街坊美食

四方街是个热闹的地方，像吸铁石一样吸引着四面八方的来客。其中四方街食店吸引力超大。四方街食店魔力何在？是味道超赞的美食？是热情的招待？还是平易的街坊氛围？或许都有吧，这是个不摆架子、毫无景点饭店气息的地儿，自然淳朴的人和物总能打动更多人。

四方街食店就在牌坊的对面、严家大院的边上，很好找。按城市的标准，这家店不算大，但在喜洲，这里已经算是大地方了。四方街食店两个大门脸占据了整个拐角，门

口还能空出一片区域停停电动车，这在拥挤的四方街已经很奢侈了。沿街的店面可以放下三四张八仙桌，往里天井和“三坊”又能容下好几桌人。但就算这样，顾客多时四方街食店的人仍旧有些忙不过来。

一到中午，光头老板就里里外外地招呼着，点菜、下单、上菜、倒水，忙得不亦乐乎。老板和边上的严家大院有些渊源，也姓严。“我们是亲戚。”他说。有趣的是，这个地道的喜洲严姓子孙却说得一口标准的普通话，仔细听甚至还带有北方口音。这也许和他早年跑长途运输有关系。“在见过世面后”，他“落叶归根”操持起家族生意——四方街食店。他从外面带回来的普通话在今天却成了一个吸引游客的特色。

如果把时间往前推移，四方街食店其实并不需要普通话，因为它是针对街坊开的餐厅，来的都是村镇里的白族人，有的还是亲戚。直到旅游业兴起，这里才成了游客寻觅美食的地方。

针对游客，四方街食店也开始了改良，使菜品味道尽量满足更多的游客，不过菜式还是标准的大理本地菜。游客必点的是卤肉，切片的肉带着纯粹的肉香，放入特制的酸爽蘸酱中，回味无穷，堪称“喜洲第一美味”。野生的鲫鱼汤带着洱海的鲜美，石榴花土豆泥则是苍山的馈赠，它们都是四方街食店不能错过的味道。其实你还可以问问当季有什么花，大理人爱吃花，许多花都能炒菜。在四方街食店你就能遇上各种“花式炒菜”，问问光头老板，他会给你建议。

不妨晚点来四方街食店，这样空闲下来后，光头老板就会和你闲聊喜洲、严家的故事。这个和蔼可亲的老板还有他的父亲都是这几十年喜洲变化的见证者，他们有许多故事，有时候比卤肉还“美味”。

大界巷染衣巷老街

走近民国岁月

繁华热闹的四方街是喜洲的新气象，然而这个老舍眼中体面的小镇有着自己不能被抹去的历史，从茶马古道上奔波而来的商帮便是古镇永远的烙印。寻找这些烙印，总归是要走向街巷深处的。

往东走，穿过吉他手卖唱的牌坊，穿过人声鼎沸的四方街，穿过被商业包装的“老街”，就到了城东的大界巷。那是没有商业氛围的安静街道，是青石板铺出来的人间四月天。

往东走，一个高高的、圆润的木雕楼吸引着人们的视线。它不是精致的民国四合院，但它凭奇特的造型、破旧的外表，成为喜洲最另类的建筑地标。许多介绍喜洲的文章总喜欢把它作为代表展示给人们看。它位于街角，下半部是砖墙，上半部是木楼，上下一样陈旧不堪，似乎推一把就要倒了。底楼的砖墙上写着“公用电话”四个大字。在通信不发达的年代，它曾经是喜洲联通外界的一个重要站点。再久远些，它是一个作坊。现在的它大门紧闭，透过门缝看进去，它似乎还是个仓库。随着喜洲的旅游开发，它现在的功能更像是一个独特的外景地，游客喜欢在它的前面留影。质朴破旧的楼前常常站着光鲜亮丽的新人，他们在拍摄婚纱照，这种对比强烈的画面总让人觉得时光错乱。

在大界巷里你不用怕迷路，因为每一个相交的小巷，每一个陌生的转角都有惊喜。你可以随意迈进一间房，只要礼貌，每个人都有机会看到这些岁月印记。严家的、尹家的、赵家的、杨家的院子应接不暇。“清白传家”“百忍家风”“青莲遗风”“南诏宰辅”，一道道家训承载着岁月的变迁。

有时院子里还是一个小市场，扎染、布鞋、虎头——白族手工艺品的绚丽和暗色调的老宅形成强烈对比。再拐到染衣巷，在这条名字文艺的小巷里，除了静静的尹家院子，在巷子深处还藏着喜秀坊这样地道的刺绣坊。

拨开飘在院子里的扎染布块，摸摸凤凰飞天的精美刺绣，你对喜洲的印象会更深刻。小巷子里的那些大院不仅仅是民国的金粉世家，也是喜洲血液里流淌着的文化元素，只不过慢慢地隐没在岁月里，不再那么出挑。

尹辅成院

昔日尹家堂前燕

在阳光下，一个佝偻的背影慢慢地走进尹辅成院斑驳的大门里。昔日喜洲“四大家族”之一的尹家就在眼前这条荒芜小巷的尽头。

这是商帮大佬的宅子？大门上依稀可辨的雕刻勉强支撑着大家族的颜面，但斑驳的木梁和抹去的绘画给大宅笼罩上了沧桑的气氛。昔日盛大家族的光环已经像西下的太阳，似有光芒却已近黄昏。

跟着老人的步伐踏进宅子。大门两边写着宅子的简介：“你好！这是白族人家居住的典型四合院……这所建筑拥有近百年的历史，丰厚的人文积淀……观光费 3 元 / 人。”

正如粉笔字写的，这个有些破败的宅子里满是历史。这是个大家族的宅子，原主人尹辅成是喜洲尹家长子，继承了“富春和”商号。尹家商号在西南有着杰出的商誉，以诚信经营为本。一院“四合五天井”、两院“三坊一照壁”显示着少东家 20 世纪 30 年代的辉煌。

岁月无情地洗刷着老宅。院子里悬起晾衣绳，大妈在院中央晒着衣服，老掉牙的木门前是蹒跚的老人家。这个宅子已经不是尹家独占的豪宅，“72 家房客”住进了宅子。年轻人几乎都在外打工，留在宅子中的都是中老年人。

宅子年久失修，屋檐有多处都塌了下来，呈波浪形。屋顶上覆盖着毛茸茸的黄色杂草。本来应该壮观大气的照壁被破坏得面目全非，雕刻、彩绘被抹除，墙壁上甚至露出了红砖、毛坯。在尹家没落之后，“72 家房客”入住，让宅子的原貌有了致命的改变。但这就是历史。

唯一不变的可能是房檐下的燕子窝。燕子又回来了，老窝里探出了小燕子的头，张大了嘴巴等待食物。喜洲人喜欢燕子，但不会打扰燕子。燕子可以舒舒服服地在屋檐下做窝养育下一代。70 年过去了，尹家大势已去，只有燕子依旧如故。

董仁民院

消失的大户人家

董仁民来头不小，他是喜洲“四大家族”之一董澄农的儿子，中华人民共和国成立后还被周恩来“钦点”为全国财政经济委员会委员。他的宅子也算是市坪街上的大宅子了，除了他父亲住的董家大院，就数他家最豪华了。

董仁民院 1931 年建成，是典型的“三坊一照壁”。我们跟着放学的喜洲学生走进门廊曲折的董仁民院，里面却空无一人。

聪明的学生把爷爷叫了出来，爷爷正是看守这个院子的人，对人客气，人们要付钱时他都会拒绝，他更注重的似乎是跟人们讲讲这宅子的历史，或者说是叹息宅子的命运。原先的照壁绘画都看不到了，漂亮的木雕卯榫被砍去了，老爷爷指着断掉的一截说："你看，就剩下这个了。"不过也有让他满意的，木柱子下的汉白玉基座还在。

站久了，老爷爷在雕花的木门前坐下，拿起一支云南水烟筒，嘬起了烟。吐一口烟后，老爷爷感叹起了董家的发家史。他说，董家曾经在朋友的指点下开采钨矿赚了钱。董家的传奇故事在他的叙述中被活灵活现地呈现出来。不过现如今，住在这宅子里的几户人家中已经没有董家的后裔了。他还说，边上的董苑宾馆是董家更豪华的宅子，更应该去看看。

当你到达董苑宾馆时会发现这个董家的豪宅已然是高级酒店，并不对外开放，但仅仅是惊鸿一瞥已经能领略到这个中西合璧的白族宅院的风采。斯人已去，楼宇却还在那里。里里外外两座宅子都姓董，却很难寻觅大户人家的后裔，宅子再大也似乎少了些人气。望着依然挺立的董家宅院，不禁想问问，那些盛极一时的大户人家，真的消失了吗？

海舌

喜洲的绿色天堂

到访喜洲的人总是要去传说中的海舌去看一看。那是喜洲靠海边的一块绿地，因为长长地深入洱海中，像一条舌头，所以得名“海舌”。这个长条状的海舌是一个可爱的绿洲，像一个绿色天堂陪伴着喜洲。

只能通过步行、骑自行车或坐马车这三种方式接近绿洲。两边田野广袤，一条细长的小道通向远方，几分钟后绿洲揭开了面纱。绿洲上铺满了青草，高大的杉木成排地生长。几条羊肠小道在草坪间平行而去，曲曲折折地通向“舌尖”。

阳光透过树叶斑驳地洒下，一辆辆自行车在林中穿梭，看上去更像是和忽明忽暗的阳光捉迷藏。忽而有一块面海的草坪，姑娘们放下自行车在草坪上享受着远处吹来的风。

海舌的尽头是一棵大树，大树下有石垒的基座，一片湿地在树下绵延，远处是苍山和洱海。有一根有趣的指示牌，指示着周边的著名地点：大理古城 24 千米、双廊 35 千米、丽江 156 千米……似乎大理都在你脚下。

众多地标指示中，距离最近的是海舌的咖啡馆，只有 700 米，名字是“己已巳”。除了独特的名字，咖啡馆也有手冲精品咖啡和好吃的蛋糕。不过，在独特的风景面前这些都算不了什么。咖啡馆面朝洱海，有着广阔的户外空间，一把把细脚椅和一张张倒圆锥形的铁桌子奇特地“长”在湿地外的木板上。一条栈道通向湿地，几乎要深入海里。这里是享受洱海阳光的乐园。一杯咖啡，三五知己，配上海天一色，就成了一幅绝美的休闲画卷。就连白色的鹭鸟也知道此中乐趣，常停在远处石堤上晒太阳。

另一个环境同样优美的地方是开物集，是海舌管理方最新开设的休闲商业区。开物集的背面是一片“海”，“海”里长出高高的青草，风吹过，一拨拨绿色青草在眼前起伏。绿草之后是木地板，地板上是黑色的休闲桌椅，还有躺椅供人们使用。头顶上是透明的玻璃顶棚，几片绿色树叶还留在上面，和天空的蓝混在一起。木地板上洱海的旧木船成了孩子的乐园，阳光下，父亲用相机记录着孩子灿烂的笑容。

不一会儿，懒散的游客也发现了这片乐土。温暖的阳光洒到脸上，洒到啤酒瓶上，折射出别样的光芒。躺椅上的人已经悄然入睡，洱海的风依旧在吹拂着他们的脸庞。这就是海舌最美的风景。

Canon
双廊

当你拎着沉重的行李到达双廊时，你会发现这是一个清秀的『海』边小镇，是洱海风光的第一镇。它三面环山，一面临水，一条悠悠的石板路贯穿小镇，时钟在这里变慢了，让人也能悠悠地欣赏宁静的浪漫。

红山庙
洱海
环海东路
大丽高速
老奶奶烤乳扇
飞燕寺
Anne猫窝咖啡屋
玉矶岛风景区
海之书馆
洱海
南诏风情岛
海地生活

在人海中寻找渔村最后的安详

数年前，双廊还是一个安静的渔村。那时的双廊是一个陡峭山崖下的渔村，没有便利的交通，仅有一条土路贯穿小镇。入夜后小镇一片漆黑，贫穷自足的渔民们等着太阳再次升起，那时他们可以划着小船在洱海中捕鱼。当有所收获后，渔民们就划船到对岸相对富庶的村子去卖鱼。这便是双廊人本来的生活。

现在，一切都以旅游为中心。海边步道上吵闹的酒吧把夜生活带进渔村。落地玻璃窗里的海景客栈一房难求。原来的渔民开始远离海边，纷纷往山上去。早些年打算在渔村“静一静”的艺术家们也只能顺势走上旅游开发的商业道路。只有几座老庙里还勉强保留着传统的娱乐和信仰，让人们记起了它原来的样子。避开人群的观景台似乎是唯一找回渔村原本的样子的地方，那里没有商店、客栈、人流，只有山底下那片“海”和那个叫双廊的村镇，但一瞬间，夜空下村庄的灯都亮了，比天上的星星更密集。不灭的华灯告诉你这里已经是繁华深处。

这就是双廊，它已经走上了纯旅游的“不归路”。在尘土飞扬的环海路上，你和你的行李又投入了双廊的怀抱。你注定不是第一个，也不会是最后一个，但你已经看不到原来的那一个。

老奶奶烤乳扇

双廊路边摊的惊喜

在大资本、大运作入侵双廊之后，那些本地小摊越来越少了。原汁原味的双廊味道可遇不可求，藏在路边的老奶奶烤乳扇就成了为数不多的本地好味道。

许多人都在寻找这个路边的小摊，老奶奶书写了路边摊的传奇。在实行交通管制的双廊镇主路，开车寻找这个路边摊着实不易。

在双廊完全小学的斜对面，老奶奶就守在电线杆下，几乎风雨无阻。老奶奶六七十岁的模样，已经在这里摆摊多年。有时儿媳妇会帮老奶奶看摊子。

烤乳扇的摊位非常小，一个小炭炉几乎就是全部家当。老奶奶一直穿着白族传统服饰，即便是再热的天气也不会换其他衣服。尽管已是古稀之年，老奶奶依旧精神矍铄，烤起乳扇来动作麻利。烤乳扇是个有趣的过程。将薄薄的一片乳扇平摊在炭炉上，一根细细的木棍粘在边缘，均匀地涂上酱料和炼乳，撒上芝麻、花生、核桃，渐渐地，乳扇散发出了香味。当火候到时卷起乳扇，乳扇就变成了“卷”。乳扇制成之后通体金黄酥脆，奶香浓郁，甜而不腻。

另一种美食是烤饵块，薄薄的圆饼状饵块经烘烤“肚子”会鼓起，再取出降温后又会瘪下去。饵块加的料更多，腐乳酱、土豆丝、酸菜、油条、火腿肠的加入，让烤饵块成为口感丰富的“双廊卷”。

老奶奶像许多本地人一样，早些年就已经将海边的房子出让，现在住在环海路之外的山上。几年来她的乳扇和饵块却没有涨过价，几块钱就能尝到双廊地道的味道。

玉矶岛风景区

绿色的洱海半岛

在双廊，玉矶岛像一个深入洱海的“翡翠”，吸引着过往的人们。可以说，没去过玉矶岛等于没有来过双廊。

玉矶岛在双廊村主街上立了巨石招牌，以此告知过往的人小径之内大有乾坤。顺着细小的青石板路前行，人流会逐渐将你包围。这个传说家家流水、户户养花的古老渔村已经难寻昔日模样，这里有的是拥挤的人流、大大小小的沿街商铺、占据海边的漂亮客栈。

很多人都认为，这个渔村因为杨丽萍的定居和画家朋友赵青的建筑设计而出名，才有了今天这样的喧嚣。作为一位洱源人，一位有点不食人间烟火的艺术家，杨丽萍看中三面环水的玉矶岛并不意外。2000年时大部分人都不知道它的存在，杨丽萍却已经向村里要了这片地。当然位置也是最好的——岛屿的最西端，大青树边，没有比在这里“隐居”更合适的了。

时过境迁，当人们发现艺术家的“心灵家园”后，消息不胫而走。汹涌而来的人流带来了商机，也破坏了艺术家最初倾心的宁静和安逸。另一位艺术家赵青的宅子，则以青庐的名字成为玻璃房里的艺廊。

行走在狭小的岛径上，青庐门前浅浅的鱼池让人想起家家流水的传说，透过玻璃欣赏一下禅意十足的艺术装饰也是一种乐趣。在狭窄的一线天里，人们遇见梦中的月亮宫、太阳宫。巨大的青石立面和岩石峭壁对立着。

穿过起起落落的栈道，榕树边是洱海的广袤。背后的月亮宫、太阳宫高悬着，悬空透明栈道在大青树上横卧着。人们仰视着它那硬朗、利落的外表，展开空前的想象力去看透它。然而崖壁上的玻璃看似透明，却怎么也看不透。

好在建筑的另一边，露出了太阳宫的一角。浪漫的白色帐篷在亲水平台上支起，巨大的榕树正好遮挡住大理强烈的日光。树荫底下软榻铺地，游客窝在沙发靠垫中。边上清茶已经沏好，清风吹起白色的纱幔，仿佛一幅世外桃源的画卷。

海之书馆

能让人安静下来的地方

穿梭于玉矶岛上七拐八弯的小巷子，一路曲折后海之书馆出现在人们面前，这是双廊最早的店之一。在玉矶岛沦陷于游客的喧闹和商业店铺的嘈杂中时，这里还有一张安静的书桌，让人们可以在洱海边读书。

书馆的门面很小，若不是大大的匾额写着“海之书馆”，恐怕人们会就此错过。书馆里面却是别有洞天，书馆的设计简洁利落，几何弧形的大落地窗采集着阳光，垂下的长筒

纸灯营造出怀旧的气氛。安静的书馆里飘着咖啡香，几个客人在窃窃私语。窗外有蔚蓝的湖水和白云，从窗口往外看，太阳宫高大奇异，像是童话中的城堡。满屋的书架上都放满了书，寻觅到清净的游客抽出书在沙发上安静地阅读着。

书馆靠洱海一侧有一条窄窄的面向洱海的长廊，白色沙发椅横铺着，和碧水蓝天融为一体。巨大的落地玻璃映出近处的榕树、远处的水和天，它们像是一幅立体画卷般在长廊里铺开。爱拍照的客人们在这里取着景，安静的阅读者依旧忘我地在海边读着书。两者一静一动，相映成趣。

其实这里早在 2008 年就已经是书店，当时店名叫“人在旅途”。老板和杨丽萍、赵青是朋友，也是同一批来到岛上圈地盖房的投资者。和杨丽萍的太阳宫、月亮宫一样，据说这里也是赵青设计的。在双廊出名之前，这个隐蔽在半岛角落里的小店一天也没有几个客人。本来书馆楼上是主人自住的，后来开辟成了五间海景客房。此外，老板还做起了自己的茶叶品牌，在书馆的一角摆满了高端茶。

在客房里，客人自己动手制作一杯咖啡，放上空灵的音乐，再寻一本书，洱海最美的时光也不过如此了吧。作为老店，当玉矶岛商铺林立、游客汹涌时它反倒保留了一份难得的清静。在洱海边，书馆孤芳自赏地开着，等待着志趣相投的游客。

Anne 猫窝咖啡屋

猫奴们的乐园

在玉矶岛入口附近，红色花朵下有一个地中海风格的窗口。窗口里时常有猫咪的身影闪过。这是 Anne（安妮）的猫窝，也是双廊最治愈的咖啡馆。

若干年前 Anne 从北京带着 5 只猫上路了，她的目的地是还没有喧嚣的双廊。从那时起玉矶岛上多了一个叫 Anne 猫窝的咖啡屋、一个爱猫的女孩和 5 只猫。

在慵懒的午后踏入 Anne 的猫窝最恰当不过，蓝白搭配的地中海气息扑面而来，白色的前台上摆满了店里自制的猫咪主题明信片，多宝格上则放着种类繁多的猫主题装饰品。店里放着和猫咪一样慵懒的音乐，可爱的咖啡师在制作咖啡，这在双廊可是件稀罕事。

这里的主角自然是 5 只性格各异的猫咪。在店的一角它们有专门睡觉的地方，但通常它们还是会突然出现在店里的各个角落。爱猫的客人进店后的第一件事就是找它们，你不必分清谁是谁，愿意的话其中一只就可能睡在你边上，任你抚摸。

这里的手冲咖啡用的是古城如是咖啡的咖啡豆，拿铁上有可爱的猫咪拉花，自制的芝士蛋糕也非常好吃。阳光透过地中海风格的窗子照进屋里，也照着睡觉的猫咪，看看猫，再看看窗外的纷纷扰扰，置身事外也是一种莫大的幸福。

飞燕寺

古榕树后的观音庙

古榕树的树荫下是双廊最热闹的市场之一，每天树下都停满了电动车。一个个红色的帐篷在树底下支了起来，白族大妈在这里售卖本地小吃。好些个摊位在主街上连成了片。饵块、米线、饵丝、乳扇——大理的小吃在这里都能找到。

许多游客都会在这里停下脚步，在热闹的小摊上体验一下本地风味。沿着热气腾腾的小吃摊往深处走，来到一片空地，旺季时这里也会摆上小吃摊。平时也有饭店的白族店员

在这里拣菜。有说有笑的他们背后居然是一座古庙——飞燕寺。寺庙门口因为经营餐饮着实有些脏乱，烧炉子用的煤炭都堆到了门口。

跨过双龙盘踞的大门，庙里面倒是个清静世界。第一个殿堂里，两个大花瓶中开满了红色的花朵，桌子上一盏油灯幽幽地闪着微弱的光芒。穿过殿堂之后，能看到花岗岩筑起的花坛，花坛中一条石阶通往二层大院。大院子草木颇丰，两株百年金桂飘着淡淡的香气，树底下几张大桌子随意摆放着。桌子边砖砌的香池顶上长出了茂密的植被。院子里平时没什么人，与院外的吵闹形成鲜明的对比。

再往前又是一层台阶，台阶后是高一层的主殿，台阶和门廊上立着木栏杆，栏杆不知何故都绑着金黄色的绸缎。阳光下飞燕寺的匾额闪着金光。殿堂里供奉的是观音，观音造像色彩饱满，形象丰润慈祥。两边有两个童子相伴，周围还有十几个罗汉、菩萨围绕。

主殿明显新修过，挂满了华丽的绸缎。梁栋上、屋檐下都是秀美的白族彩绘。两侧立柱上有华美的屋檐翘起，和大屋檐构成层叠的效果。大殿一侧墙上挂着长长的黄色布条，布条上满是一个挨着一个的小袋子，里面有纸片露出来，这些是求签用的求签袋。在大理白族中，信仰观音极其普遍，求签的行为也普遍得到认可。在双廊，除了镇子北面的红山庙，香火就数这里最旺，求签解惑的习俗也保留至今。外面的世界越精彩，这里的安静就越显得弥足珍贵。

海地生活

白色椅子上的洱海浪漫

洱海边总有一些传奇的风景，本是普通客栈的海地生活就因为独特的地理位置和特别的设计成为许多游客心中的“海”景胜地。

穿梭于大建旁村狭窄而又曲折的小路，寻找海地生活的过程让人有点晕眩。幸好，客栈在各个主要拐角设置了指示牌。这种色彩明亮、设计独特的指示牌倒也成了大建旁村的一道风景。

当最后到达海地生活 3 号院时，眼前的景色豁然开朗，没有墙壁阻隔视野，“海”岸线就在脚下。在一片树木的包围中，海地生活的大门敞开着。

大门里是海地生活的公共空间。青年旅舍的开放性，让这个面朝大海的院子成为所有人都能亲近的地方。院子很大，有泥地、水泥地、木地板好几个空间，中间还种上大树，每个空间都有舒服的桌椅可以让人休息。

院子后面是一个两层楼的餐吧。餐吧设计随意、简洁，大量的实木和花岗岩体现了自然主义风格。装饰物点缀出了大理的文化韵味，在二层还有可俯瞰洱海的露天座位。

海地生活最吸引人的还是靠海的部分。著名的白色桌椅就摆在海边，成为浪漫的装饰物，每一个人都要上去坐一坐，拍张照。白天在白色桌椅上拍照还要排队，当然这是值得等待的。你可以想象——洁白、简洁的桌椅配着舒适的坐姿，背景是清一色的洱海和天空，画面多么美。

红山庙

最有仪式感的大庙

在离双廊 5 千米左右的洱海边，平直的“海岸线”突然有一个“突起”，著名的红山庙就坐落在这个“突起”的最前沿。

红山庙前有开阔的空间，庙边有小市场。旅游团和散客都喜欢在这里停留，看看景色或坐在庙边的小摊上吃吃喝喝。但他们有时候会忽略身边的这座红山庙，其实这座本主庙是游览双廊乃至环洱海地区时最不应该错过的庙。

坐镇红山庙的本主是景帝，景帝家祖孙三代都是打败唐朝大军的南诏大将。红山庙是洱海边规模最大、建制最完整的一个景帝庙宇。它背靠大山，面朝洱海，门楼、古戏台、大殿和左右厢房一应俱全。大殿三开间，十分宽敞。侧面厢房也非常完整。最大气的是大殿前的三个鼎，它们取代了砖石结构的香池，成为人们烧香的礼器，这在大理本主庙中极为少见。此外，大殿对面的戏台子也十分特别，这个门楼上的戏台比一般本主庙的戏台豪华，背面挂着的画卷中画的是“南诏名将”（也就是景帝）。

红山庙最出名的地方是它的庙会，每年农历四月，红山庙会举办声势浩大的本主庙会，届时会吸引大理 12 个乡镇乃至邓川、洱源等地的善男信女，逾 10 万沿湖渔民前来祭祀。红山庙会是环洱海地区规模最大的庙会，从 2008 年开始被政府定为“洱海开海节”。除了本主庙会，红山庙的其他节庆活动也非常频繁：腊月要辞年，春节有迎神赛会，农历六月有胜利节……

而在平时，红山庙的香火也绝不会断。大理白族的善男信女们对红山庙的本主很是敬仰，所以它是洱海边最忙碌的寺庙之一。在红山庙见到白族祭祀仪式的概率非常高，这时你会看见庙宇里有专职的司仪带领信众祭祀。祭祀有专门的步骤，不仅限于在大殿前——仪式有一部分是在门楼下面朝大海进行的。祭品非常丰富，有鸡鸭鱼肉、苹果、酒、纸扎等，达十多种。祭祀时司仪会带领信众叩拜，口中念念有词，手中撒着米。

丰富的宗教、节庆活动让红山庙充满了仪式感。洱海的本主文化在这里得到了淋漓尽致的体现。如果你想看看大理白族的人文景观，红山庙是不能错过的。

石宝山 沙溪

从石宝山到沙溪古镇，从南诏佛国到茶马兴镇，历史潮流就这样流过剑川的土地。位于云南剑川县西南的沙溪古镇，是个历史悠久的千年古镇，因作为茶马古道上的一个陆路码头而盛极一时。

海云居
石宝山公路
宝相寺
沙坪村公路
石钟山石窟
084县道
沙溪镇
麦秋书吧
欧阳大院
老槐树咖啡
兴教寺
牛沙线

遥望茶马古道的老槐树

古寺、丹霞、石窟、造像，石宝山上的风景跨越千年，包裹着厚重的历史。在丹霞圆润的山体下、在红砂石上，南诏、大理刻上自己的印记。不可一世的帝王将相在山上的石窟中化作不朽的神像，和神圣的佛祖并列着。事实上，帝王将相们也早已化作山下民众笃信的本主长存着。从石头到神，历史联系着人们不断的血脉。

就在石窟造像逐渐成为前朝往事时，山下一个小小的沙溪镇崛起了。黑惠河上，马铃摇出了一个重要的商镇。玉津桥黄色的石拱上不知走过了多少马帮，东寨门下也不知道跑过多少马锅头，才有了今天的沙溪。

这里曾经是显赫一时的马帮必经地，放马、歇脚、看戏、住宿，好不热闹。今天马儿也许又经过寨门，但驮着的是游客。牲口还会从玉津桥上过，但是是去不远处的市场。

马帮隐没在青石板路上，马锅头的后人继承豪宅，但维系不了那老差事。守着老宅，在田野中忙碌，成了马帮后人的归宿。

奔上对面的山头遥望云朵和阳光下的古镇，美丽的坝子包围着它。没有时间叹息，一轮旅游大潮已经逼近。你看那古镇，新修的复古建筑在安静地等待，等待着成为下一个双廊、下一个丽江。

海云居

喝一杯清茶看一片净土

海云居是人们进入石宝山风景区后最先看见的风景，它是清朝时高僧建起的古刹，庙宇虽小，却清新、平静。在这里欣然而坐，一杯清茶、一缕清香可以让你进入一个清静的世界。

海云居建于山上。山下丛林包裹着的石阶幽幽通往山门，曲折的石阶上还有两个古朴的牌坊，牌坊上的书法苍劲，写着许多对联横批，牌坊下石兽雕刻显得粗犷又古朴，古老的韵味在山林间悠然升起。

山门在石阶尽头，门前有一个被石栏包围的院子。两棵松柏左右对峙，高耸入云。山门里又是一个院子，院子里两棵大树一枯一荣。院子后是高出一阶的天王殿，过天王殿是最后一个上院。上院草木最盛，一株白色绣球花长得尤其旺盛，每年四五月间，白色的“绣球”就会挂满枝头。

院子后的大雄宝殿有单檐歇山式的五脊顶，殿内佛龛中塑有毗卢遮那佛、卢舍那佛和释迦牟尼佛三尊佛像，古朴典雅的格子门上都是清康熙年间的剑川木雕，殿内悬挂的铜钟为明朝嘉靖二十二年（1543 年）所铸造。大雄宝殿的顶部年久失修，少了几块屋瓦，阳光就从屋顶漏洞里射到侧面墙上。一束光正好照到壁画上，这“凿壁偷光”的奇景更让寺庙蒙上一层神秘感。

大雄宝殿外，几位老人正忙碌着。有的在庙前摆弄金灿灿的长明灯，有的在厢房里准备着斋饭。海云居的斋饭是免费的，即便没有遇上饭点，庙里也有茶水和茶点免费供应。茶座就在大殿前，点心有核桃、瓜子、糖果等。只要你坐下，看护寺院的老人就会上来打招呼。坐在剑川木雕旁、古老壁画边、绣球花前，品一杯清茶，再和老人聊聊天，一片佛国的纯净氛围油然而生。

喝完茶，你也别着急走。在寺庙门外的一侧有一个古老的观景台，台上建有两座佛塔，塔后有一幅水墨山水壁画，据说描摹的是寺庙遥对的丽江玉龙雪山。

宝相寺

云南的悬空寺

宝相寺是石宝山景区的重要景点之一。作为云南地区著名的“悬空寺”，它有着特别的吸引力。

你可以坐景区的交通工具前往宝相寺，一下车就有一群猴子围过来，为了争夺你带来的食物。若有吃的可喂猴子，但也要注意，会有被猴子抢东西的危险。

见过了猴子，一条长长的山路正等着你。山路斜陡，曲折幽静，有些路段就是由山间大石开凿而成。上山着实需要费些气力，花这些力气是为了到达山崖间的宝相寺。

低头钻过山路上的大树，宝相寺终于出现。小小的山门背后高耸着宽阔的山崖，寺庙依山势层层抬高。最后，贴着山崖的各个殿宇、造像在空中嵌入崖壁，这便是宝相寺最吸引人的悬空奇景。

宝相寺最初由明朝正统年间的知府高伦所建。它当初是作为道观出现在山崖间的，后来佛教兴盛，除玉皇阁外，大多庙宇均祀佛像，成为一个佛、道合流的场所。

进入寺庙，第一个院子里坐落着天王殿。往前探索需要攀爬贴着山崖的石阶。在石阶上行走依次会经过弥勒殿与玉皇阁，这些庙宇凌空建造在深凹的崖窟内，殿宇之间弥勒、如来两尊巨大的造像屹立着，气势雄伟。山崖间有瀑布飞下，好似白色水帘一般。古人人性化地在瀑布崖壁上建造了有顶的长廊，在长廊里透过“水帘洞”俯瞰宝相寺，整个寺庙更似人间仙境。

在山崖石阶之上还有楼阁，但需要攀缘“险境”才能到达。这一段路不是崖壁上开凿的小路，是需要抠住石窝才能攀爬的峭壁。登上去便能登阁远眺，石宝山风景尽在眼前。

石钟山石窟

丹霞石窟的文化苦旅

石钟山石窟是石宝山景区最重要的景点。这片红砂石上的石窟从南诏时便开始开凿，历经数百年，在丹霞地貌的奇石峻岭间展开了一幅生动的大理文化历史画卷。看石窟首先要征服石钟山崎岖的山路，上下求索间一次“文化苦旅”不可避免。

景区的交通工具只能送你到石钟寺，这里是石窟之旅的开端。石钟寺里最先映入眼帘的是一尊突兀的石山，石山形如扣在地上的石钟，顶部还建有楼阁，石钟寺也因此得名。

石钟寺是典型的山地寺庙，殿宇依山势层层高砌，最后至山巅之上，隐没在一片绿色中。

庙里自然有石阶。石阶边上有石刻造像，大理的先民们在此留下了灿烂的石窟文化。石钟寺和对面山巅的狮子关有 11 窟，内有上百尊石刻造像。从南诏显赫的帝王，到各路神佛，造型古朴的雕像给人们展示了一个古代的大理。石像边写着警示：不准泼香油。细看一下，雕像及周围果然有深色的油渍。看护石窟的工作人员解释，当地民众至今仍有泼油祈福的习俗，据说这么做能求子。

石钟寺的石窟之上是停车场和公路，如果仍有体力可以从这里沿山路探索沙登箐的石窟。这一片石窟更原始，全部建在山峦之间的丹霞地貌之上。山顶上遍布一丛丛馒头状的石头。铁门紧闭的石窟以残破的样子示人，自然的奇景和人类的创作相辅相成。在接近村子的山下，石窟索性容身在一个石山底部，这座山好似为石窟而生。

从沙登箐一路下山，石窟和丹霞地貌相伴。偶尔会有幽会的情人相依在路边。山下是一片恬静的田野，在田野里、村落间生活的便是石窟缔造者的后人，在“文化苦旅”的终点遇见他们也许能为旅行画上一个完美的句号。

麦秋书吧

沙溪的文艺地标

雨季前的下午，从沙溪最古老的寺登街东边飘来一阵印度奶茶的香味，这是沙溪的文艺地标——麦秋书吧的新味道。2016 年，麦秋书吧来了新老板慢慢，印度奶茶是她用从印度带回来的香料特别调配的。

“很多人来沙溪就是为了麦秋书吧！” 谈起自己的店她总难掩自豪之情。她虽然接手书店没多久，但看得出她对麦秋和书吧充满敬意。作为在双廊开过书店的“老手”，她

本可以将书吧“推倒重来”，但她说“我不喜欢做破坏者”。看重缘分的她沿用了“麦秋”这个有故事的名字，更继承了书店原有的风格。所以，麦秋书吧还是像六七年前那样低调地待在沙溪的青石板上。

书吧开着小小的门，门口的绿植长得茂盛。门上褪色的对联、福字还在“迎新春”，大门左侧的窗花剪纸、年画福娃透露着浓浓的中国味道，头顶上破旧的木招牌静静地垂下来，就好像这是一家“百年老店”。

书吧建于上下两层的小楼中，空间并不大，底楼寥寥几张桌椅都铺着当地的扎染桌布。中间有一个铁质的暖炉，细长的烟囱通到屋顶上，暖炉背后是井然有序的吧台。除了靠墙的书架，底楼的吧台、桌椅甚至暖炉上都摆放着书。

主人慢慢有两大特点：食素，有洁癖。于是，书吧二楼要赤脚才能上去。好在二楼的地板一尘不染。中间房梁悬下的轻纱把空间一分为二，一边是靠窗的长桌椅，可以看到古戏台的背影；另一边是榻榻米和沙发，可以慵懒地躺在木地板上享受阅读的乐趣。

这个在部队大院长大的女孩觉得在大理总能找到适合自己生长的地方，就好像从双廊到沙溪，每次新的尝试都能成功。她也希望自己能在沙溪留下一些故事，就像六七年前一个叫麦秋的姑娘在这里留下自己的故事那样。

老槐树咖啡

支教老人的咖啡屋

老槐树咖啡在四方街的大槐树下，古戏台的边上，是沙溪最早的店铺之一。

老槐树咖啡是个简单的二层木屋，门前有一条窄窄的门廊，门廊上随意摆放着几张桌椅，客人们坐在上面正好能望到兴教寺。门口露天座位的周围都是花木，红色的鲜花给咖啡屋增添了一抹亮色。

老槐树咖啡里面有一个大厅，大厅里摆着几张长桌，墙壁上挂着老照片，显得有些复

古。屋后还有一个露天花园。园子不大，反倒衬得花草更盛。坐在花园遮阳伞下，抬头就能看到古戏台的背面。

老槐树咖啡除了能制作咖啡和蛋糕之外，居然还能调鸡尾酒。调酒的就是当地的白族姑娘。她一边看着“配方”，一边仔细调配。这里的蛋糕、咖啡也是本地人制作的。这一切都是店老板教的。

咖啡馆老板是一对深圳来的老夫妇，最早是来这里支教，教了一批又一批当地孩子，就连现在店里雇用的白族姑娘都是他们的学生。老板回忆，初来时四方街有很多小孩玩耍，滚铁环、跳格子、踢毽子，都是小时候玩的游戏。而最近两年这一景象已经看不到了。

现在夫妇俩年事已高，身体也不太好，经常需要回深圳治疗一段时间。不过，只要他们在，晚上就能在老槐树咖啡吃上水饺和炒菜。

兴教寺

修复的历史

十几年前，黄印武带着瑞士联邦工业大学景观规划研究所的修复资金和项目来到沙溪，沙溪的修复工作从那时开始启动。那时兴教寺甚至还不是全国重点文物保护单位。

今天，兴教寺已经焕然一新，雄伟的大门朝四方街敞开着。门口怪异的石兽和巨大的金刚带着岁月的痕迹，诉说着寺庙的历史。作为少有的明朝大理白族“阿吒力”佛教寺院，这里几乎是沙溪这个镇兴起的源头。

兴教寺有两座殿。大雄宝殿坐西朝东，东西进深 14.58 米，南北顺深 18 米，有重檐歇山式九背顶，上下檐均架斗拱飞角。天王殿的坐向与大雄宝殿相同，东西进深 16.8 米，南北顺深 19.8 米，为悬山式五背顶。殿宇结构严谨大方，制作技艺精良，建筑风格典雅古朴又富有民族特色。

兴教寺里有大量明朝的壁画，无论是从历史的角度还是从艺术的角度来看，它都是极具价值的。其中《南无降魔释迦如来会》壁画中出现了女性特征的释迦牟尼，最让人称奇。

因为在阿吒力教中显著的地位，兴教寺顺理成章地办起了阿吒力教的展示馆，让这一神秘的宗教走进人们的视野。而瑞士方面成熟的古建修复能力既保留了整座庙宇古朴的细节和氛围，又让它的生命力更旺盛了。

这是沙溪修复最成功的建筑之一。古老、精彩的历史文化又一次清晰地呈现在人们面前。

欧阳大院

马锅头的豪宅

在沙溪镇上的大户人家中，还能寻得到昔日兴旺气息的，恐怕要数小巷子深处的欧阳大院了。

欧阳大院的大门在巷子深处，从大门到二门又要拐过一条长长的巷子，可谓躲藏得极深。

欧阳家曾经是沙溪镇上的马锅头，也就是当地马帮的头目，因此家宅大门非常讲究。红砂石砌成的高大门楼两边是石雕，左边雕的是耕，右边雕的是读，暗示着欧阳家是一个

耕读世家。门两边还贴着一副对联：“欧脉钟灵地，阳光丽普天”。这是一副十分巧妙的对联，将首尾四个字连起来，就是“欧阳天地”。

二门是木结构，四面出角，分上下两阶，大门门墩、门面以及门头两边有不同的字画，门楣上有表现渔樵耕读等内容的木雕，是典型的集剑川白族木雕与书画于一身的大门。进入二门，就到了欧阳大院的第一个院落，这是主人生活起居的院落，雕梁画栋，宽敞气派。正中堂屋门是“百福百寿”木雕格子门，6 扇门上刻有 100 个“福”和 100 个“寿”，每个字的写法各不相同，令人赞叹不已。

欧阳家的后人还在，他们会带参观者走进大院深处。大院里“庐陵”字样多次出现，照壁上写着“瑞霭庐陵”，瓦底印着“庐陵世系”。主人解释道，他们家原来是从江西庐陵迁来的，祖上欧阳子群是江西庐陵郡人、明朝官宦，后来来到沙溪，从此扎根在寺登街，经过几代人的努力奋进成为沙溪的名门望族，后代之一的欧阳景后来成了寺登街最富有的马锅头，于清朝末年建起的这座欧阳大院，现在成了当地最为典型的“三坊一照壁”的院子。

院落里深厚的家世文化随处可见，就连厨房被烟熏黑的照壁上都还写着“礼乐传家”。这个天井厨房仍旧保留着昔日马帮使用时的状态。大院边上的小院曾经就是马店，有一个小门另通，马帮可以直接从小门进入，不必从正门走。在小花园里甚至还有一个空间是给马帮准备的小戏台子，马帮在此休息时还能看戏。

最让欧阳家后人自豪的是正房二楼的神龛。神龛雕刻有龙、凤、狮子、麒麟、松鼠、葡萄、牡丹等图案，底座分别刻有瓶插梅花、茶花、书卷、茶壶，并有题诗“玉壶春水浸梅苍，瓶插茶花万年红”。神龛上安制的一颗雕花玻璃，主人介绍说，是英国东印度公司赠送给祖上马锅头的，已有百年历史。

在欧阳大院参观一圈只要 1 小时，而神龛、木窗上的雕刻已经历经了百年历史。曾经热闹的马店和古镇都已经安静下来，只留下古宅能让人们回忆那段过往岁月。

本图书由北京出版集团有限责任公司依据与京版梅尔杜蒙（北京）文化传媒有限公司协议授权出版。

This book is published by Beijing Publishing Group Co. Ltd. (BPG) under the arrangement with BPG MAIRDUMONT Media Ltd. (BPG MD).

京版梅尔杜蒙（北京）文化传媒有限公司是由中方出版单位北京出版集团有限责任公司与德方出版单位梅尔杜蒙国际控股有限公司共同设立的中外合资公司。公司致力于成为最好的旅游内容提供者，在中国市场开展了图书出版、数字信息服务和线下服务三大业务。

BPG MD is a joint venture established by Chinese publisher BPG and German publisher MAIRDUMONT GmbH & Co. KG. The company aims to be the best travel content provider in China and creates book publications, digital information and offline services for the Chinese market.

北京出版集团有限责任公司是北京市属最大的综合性出版机构，前身为 1948 年成立的北平大众书店。经过数十年的发展，北京出版集团现已发展成为拥有多家专业出版社、杂志社和十余家子公司的大型国有文化企业。

Beijing Publishing Group Co. Ltd. is the largest municipal publishing house in Beijing, established in 1948, formerly known as Beijing Public Bookstore. After decades of development, BPG now owns a number of book and magazine publishing houses and holds more than 10 subsidiaries of state-owned cultural enterprises.

德国梅尔杜蒙国际控股有限公司成立于 1948 年，致力于旅游信息服务业。这一家族式出版企业始终坚持关注新世界及文化的发现和探索。作为欧洲旅游信息服务的市场领导者，梅尔杜蒙公司提供丰富的旅游指南、地图、旅游门户网站、App 应用程序以及其他相关旅游服务；拥有 Marco Polo、DUMONT、 Baedeker 等诸多市场领先的旅游信息品牌。

MAIRDUMONT GmbH & Co. KG was founded in 1948 in Germany with the passion for travelling. Discovering the world and exploring new countries and cultures has since been the focus of the still family owned publishing group. As the market leader in Europe for travel information it offers a large portfolio of travel guides, maps, travel and mobility portals, Apps as well as other touristic services. Its market leading travel information brands include Marco Polo, DUMONT, and Baedeker.